# COMUNICAREA
# NONVERBALĂ

## Studiu de Ana-Maria Voican

# ANA-MARIA VOICAN

# COMUNICAREA NONVERBALĂ

## Studiu

WWW.CORESI.NET

Editura Coresi SRL

*Prezenta lucrare are ca sponsor Fundaţia „Casa Cărţii" din Râmnicu-Vâlcea. Autoarea şi Editura îi mulţumesc Fundaţiei pentru sprijinul acordat.*

*Coperta: Leo Orman*
*Ilustraţia copertei şi ilustraţiile din carte: Marin Mădălin Zanfirescu, Râmnicu-Vâlcea*

WWW.CORESI.NET

*Editura Coresi SRL*

ISBN-13: 978-1541097926 (CreateSpace)
ISBN-10: 1541097920

*Ediţia digitală a prezentei lucrări se poate accesa la acest link:*
*http://ibooksquare.ro/Books/ISBN?p=978-606-8798-88-2*

*Pentru mai multe informaţii privind această carte,*
*sunaţi la ++4021 312 8212 sau scrieţi la coresi@coresi.net.*

www.coresi.net
www.coresi.website

*Dedic această carte fiicelor mele –*
*Antonia şi Catrinel,*
*şi nepoţilor mei –*
*Denis şi Alexandru.*

# MULŢUMIRI

Sunt recunoscătoare doamnei Ileana Vulpescu, pentru că a acceptat să-mi dedice din timpul preţios pentru a analiza subiectul dezbătut în lucrare; mă simt onorată de distinsele cuvinte introductive.

Doresc să le mulţumesc în mod aparte persoanelor deosebite care au fost de acord să-şi exprime părerea despre importanţa comunicării nonverbale in viaţa noastră. Sunt recunoscătoare şi onorată de cuvintele frumoase şi aprecierile faţă de persoana mea.

Sunt recunoscătoare coordonatorului lucrării mele de licenţă, Conf. univ. dr. Carmen Secară, pentru „deschiderea drumului" către comunicarea nonverbală prin calitatea actului didactic, puterea exemplului, exigenţa, dăruirea şi empatia de care dă dovadă, astfel, fiind uşor de depăşit aşa zisa barieră între cadru didactic şi student.

Mulţumirile şi recunoştinţa mea se îndreaptă către o persoană specială, Steluţa Unverdorben, extraordinar cadru didactic, deosebit om, care şi-a pus amprenta, în mod pozitiv, asupra subiectului dezbătut în lucrare şi asupra propriei mele persoane. O persoana cu principii si valori înalte de la care am învăţat, printre altele, că răbdarea, diplomaţia, sinceritatea şi empatia sunt lucruri de bază pentru consolidarea şi menţinerea unei relații: „Dacă vrei, cât de cât, să fii drept cu altul, pune-te-n locul lui". (Ileana Vulpescu)

Le sunt recunoscătoare părinților mei, Viorica Dobrușanu și Ion Voican, care mi-au dat viață și mi-au oferit toată susținerea, încrederea și iubirea lor necondiționată.

Mulțumesc fiicelor mele, Antonia și Catrinel, care de la o vârstă fragedă m-au motivat și încurajat să fiu „cea mai bună" mămică, studentă, prietenă. Le sunt recunoscătoare pentru că există în viața mea și îmi oferă toată susținerea și iubirea lor.

Sunt recunoscătoare partenerului meu de viață, George Negricea, pentru calitățile deosebite și motivarea de a-mi urma visurile, oferindu-mi toată susținerea și dragostea lui.

Mulțumesc fratelui meu – Daniel Voican, și cumnatei mele – Adelina Voican, care și-au dedicat o mare parte din timpul lor pentru a se ocupa de Antonia și Catrinel, când eu alergam între serviciu și facultate, când eram prinsă în studiul pentru conceperea lucrării „Comunicarea nonverbală" și nu numai. Le sunt recunoscătoare pentru sprijinul, dăruirea și iubirea necondiționată.

Mulțumirile și recunoștința se îndreaptă către persoanele apropiate sufletului meu, care mi-au fost alături indiferent de anotimpul din viața mea: familia Ciocan; familia Belu; Ana Olărescu; familia Nițișor; iubiții mei nași – Mirela, Alexandru și Luci Gheorghe; o perioadă îndelungată a fost a doua mama pentru Catrinel – Elena Huidu, Marius Huidu; Larisa și Sorin Hulubă; Cosmina și Florin Barbu; Cristina Tinca; minunata mea prietenă – Adina Diaconu; celui care îmi este ca un tată – Alexandru Năulescu.

Vreau să-i mulțumesc lui Toni Voinea pentru cele două fiice minunate, Antonia și Catrinel. Datorită diverselor calități pe care le are, şi spiritului curtenitor bine dezvoltat, l-am luat drept „muză” în studierea comunicării nonverbale; el a fost de altfel şi unul dintre factorii declanşatori în aprofundarea subiectului.

Mulţumirile se îndreaptă şi către Editura Coresi, în special către Doamna Michiela Poenaru, pentru susţinerea acordată şi bunăvoinţa de care a dat dovadă.

Sunt recunoscătoare Magdei Popescu pentru încurajarea şi susţinerea oferită. Mulţumesc graficianului Mădălin Zanfirescu pentru valoroasele schiţe grafice.

Mulţumesc Primăriei Vâlcea pentru sprijin financiar.

Mulţumesc Fundaţiei „Casa Cărţii”, Domnului Remus Grigorescu, director al Bibliotecii Judeţene „Antim Ivireanul” Râmnicu-Vâlcea şi întregului colectiv, pentru sprijinul oferit.

# CUVÂNT ÎNAINTE

Noi, oamenii, singurele fiinţe pământene dotate cu limbaj articulat, suntem tentaţi să absolutizăm valoarea acestei însuşiri, fiind mult mai puţin atenţi la limbajul nonverbal – mai puţin posibil mincinos decât cel verbal.

Cu acurateţe, într-un limbaj ştiinţific dar nesofisticat, cursiv şi simplu, folosind o importantă bibliografie de specialitate, Ana-Maria Voican demonstrează toate modurile de exprimare nonverbală, exprimare sinceră sau simulată, însoţind cu succes exprimarea verbală şi întărindu-i valoarea, fie că e vorba de sinceritate, fie că e vorba de simulare.

Lucrarea de faţă are calitatea de-a te face să te evaluezi mai cinstit pe tine însuţi, precum şi pe alţii.

Publicarea ei va face mai cunoscut subiectul foarte interesant dezbătut de autoare.

**Ileana Vulpescu**
*2 februarie 2016*

# CUPRINS

# INTRODUCERE

Lucrarea de faţă m-a interesat în mod deosebit deoarece am vrut să aprofundez despre capacităţile noastre de a recepta mai exact masajele interumane cu ajutorul comunicării nonverbale, care oferă o modalitate eficientă de satisfacere a nevoii oamenilor de a transmite celorlalţi informaţii şi emoţii.

Consider că decodificarea comunicării nonverbale implică mai mulţi factori – contextul cultural, social, politic, istoric – despre care am amintit şi pe care i-am interferat cu tema lucrării, mai ales în ultimul capitol.

M-a interesat, mai ales, să studiez, şi eventual să descopăr dacă la om comunicarea nonverbală beneficiază doar de cele patru canale – vizual, auditiv, tactil, olfactiv – ţinând cont de inteligenţa şi de sensibilitatea umană, incomparabilă cu cea a animalelor. Argumentez această afirmaţie prin sensurile unei strângeri de mână – mă refer la intensitatea, timpul, fineţea sau duritatea cu care este făcut acest gest – la stimulii vibratorii, dar şi la comunicarea extrasenzorială – gânduri, emoţii – de care ar trebui să se ocupe în mod special cercetătorii în domeniu, mai ales că în această perioadă, numită „modernă", zonele ştiinţei au fost invadate de speculanţi care pretind că dintr-o singură privire pot citi gândurile altora din gesturile lor.

Această situaţie existentă în viaţa contemporană, m-a determinat să folosesc pentru capitolul „Studiu de caz" două personalităţi din politica şi cultura noastră cu motto „Dincolo de aparenţe..." sau mai simplu, am putea spune „unde dai şi unde crapă", căci există în aceste cazuri un comportament disimulat care vizează ansamblul manifestărilor prin care se ascunde adevărata înfățișare a unui lucru sau desfășurare a unui eveniment.

# CAPITOLUL I. PROCESUL COMUNICĂRII

## 1.1. Aspecte generale

Comunicarea umană este constituită din comunicarea verbală – care transmite mesajele prin cuvinte, propoziții și fraze – și din comunicarea nonverbală, prin înlocuirea cuvintelor, creându-se imagini, pentru a întări mesajul verbal.

„...termenul de comunicare se prezintă sub forma unei aglomerări conceptuale, cu multiple (și deseori neașteptate) ramificații, fiind văzut drept parte integrantă și, în același timp, cuprinzând procedural un mare număr de științe".[1]

Abordarea globală a comunicării este dificil de surprins, deși există un câmp extrem de generos de posibilități, deoarece ea poate căpăta aspectele unei definiții lingvistice, psihologice, psihosociale, filozofice, pedagogice și chiar matematice: „Fiecare domeniu al cunoașterii are definiția sau definițiile lui care accentuează, după caz, schimbul, contactul, transferul, transportul, energia, informația".[2]

În definirea comunicării există două direcții de acțiune, oferind fie un cadru de lucru „structurativ"[3], fie într-o viziune

---

[1] Ion-Ovidiu Pânișoară, *Comunicarea eficientă,* Ediția a II-a, revăzută și adăugită, Ed. Polirom, Iași, p. 14.

[2] Jean Lohisse, Comunicarea. *De la transmiterea mecanică la interacțiune,* Ed. Polirom, Iași, p. 12.

[3] Ion-Ovidiu Pânișoară , *op. cit.,* p. 15.

aditivă, „în sensul cumulării tuturor deschiderilor operate de către acestea".[4]

Cu alte cuvinte, există două planuri de investigare a comunicării: cel instrumental referitor şi la felurile acesteia, care oferă cadrul structurat şi coerent al utilizării comunicării, şi planul de investigaţie, de analiză, care aduce în atenţie procesul de comunicare ca atare.

Putem afirma că nu există o definiţie exactă a comunicării, aceasta putând fi dată în funcţie de perspectiva – planul – prin care este abordat acest proces: „comunicarea este un proces în care oamenii îşi împărtăşesc informaţii, idei şi sentimente"[5]; „Comunicarea este procesul prin care o parte – numită emiţător – transmite informaţii – un mesaj – unei alte părţi – numită receptor", este de părere cercetătorul R. Baron.

Dificultatea definirii comunicării este dată de diversitatea aspectelor prin care este privită, şi în acest sens putem lua în consideraţie percepţia, personalitatea şi dezvoltarea fiecăruia dintre comunicatori. Oricum am analiza diversele situaţii individuale ale grupului sau ale unei societăţi, important este ca mesajul transmis să fie recepţionat în sensul în care emiţătorul îl doreşte, îl intenţionează. Din acest punct de vedere este foarte interesantă definiţia lui Roberts Hunt: comunicarea este „dobândirea, transmiterea şi ataşarea unui înţeles informaţiei".

În conceptul unei definiţii complete şi apropiate de majoritatea caracteristicilor comunicării, trebuie să avem în vedere obiectivele acesteia, căci, de câte ori scriem, vorbim sau gesticulăm, încercând să explicăm, să educăm, să convingem,

---

[4] Ibidem.

[5] Hybels Weaver, 1986, p. 6, prin Ion-Ovidiu Pânişoară, *Comunicarea eficientă*, Ediţia a II-a, revăzută şi adăugită, Ed. Polirom, Iaşi, p. 15.

urmărim întotdeauna anumite scopuri: să fim receptați, auziți, citiți sau văzuți, să fim înțeleși, să fim acceptați și să provocăm o reacție, o schimbare de comportament sau de atitudini. Atunci când nu reușim să atingem aceste obiective, înseamnă că am dat greș în procesul de comunicare, că nu am transmis convingător mesajul sau că nu l-am gândit bine: „Una zici și alta faci" – sau, „Nu înțelegi românește?". Cele două reflecții se referă la fondul de idei pe care nu-l transmitem corect sau la forma defectuoasă în care acest fond este transmis. În această situație intervine personalitatea fiecăruia dintre participanții la comunicare – emițător și receptor – și deseori, chiar personalitățile diferite ale acestora constituie o cauză a eșecului în comunicare: „Să vorbim pe limba fiecăruia".

Nu folosim însă numai cuvintele în exprimarea sentimentelor și acțiunilor, în exprimarea comportamentului, ci și imagini vizuale și auditive: expresia feței, gesturi, poziția corpului, orientarea, contactul vizual, contactul corporal, mișcări ale corpului, aspectul exterior, care trădează starea materială, starea de spirit, psihicul, sănătatea, moralitatea indivizilor.

Limbajul gesturilor constituie un ansamblu de semne vizuale, care ne întregesc personalitatea, ne definesc postura și, când această comunicare nonverbală se interferează cu cea verbală, mesajele sunt transmise și recepționate mai ușor, cu mai puține obstacole, atingându-se majoritatea obiectivelor amintite mai sus.

În cadrul semioticii, care este o știință ce analizează semnele – obiectivul său primordial fiind acela de a înțelege activitatea generatoare de cunoaștere pe care capacitatea respectivă le permite oamenilor să o înfăptuiască – se studiază simbolurile, tipurile de semne, trăsăturile generale ale acestora.

Este necesar să amintesc în cadrul acestui capitol şi despre ştiinţa denumită semiotică, deoarece mă voi opri în cursul lucrării la comunicarea nonverbală.

Arta comunicării constă în adaptarea la o situaţie sau la un context. Pentru a comunica, învăţăm să recunoaştem anumite similitudini ale situaţiilor, în aşa fel încât să învăţăm din experienţele proprii – lucru esenţial. Această căutare este, în general, folositoare, deşi, uneori ea poate deveni dăunătoare deoarece, de multe ori este periculos să se presupună că o situaţie este cunoscută şi, deci să intuim ce trebuie să spunem şi cum să acţionăm. De exemplu, o persoană care, într-o anume perioadă este arogantă, poate fi percepută cu această trăsătură de caracter, deşi, în alte ocazii, comportamentul acesteia va fi foarte diferit iar noi, prin felul în care comunicăm, răspundem la aroganţa pe care persoana respectivă nu o mai manifestă în situaţia dată.

Există şi alţi factori care pot cauza probleme şi de care trebuie să fim conştienţi pentru a le putea depăşi sau pentru a le minimaliza efectul. Pentru a se înţelege mai bine diferitele situaţii care creează „bariere în calea comunicării", voi analiza câteva dintre acestea.

Diferenţa de percepţie poate rezulta din diferenţa dintre emiţători şi receptori: gradul de cultură şi de educaţie, ocupaţia, sexul, temperamentul şi chiar naţionalitatea.

„Deseori vedem ceea ce dorim să vedem şi auzim ceea ce dorim să auzim"[6], fără să cunoaştem realitatea, ajungând astfel la concluzii eronate – „Graba strică treaba" – la concluzii grăbite.

Este dificil să comunicăm cu cineva care are o educaţie diferită de a noastră, ale cărei cunoştinţe asupra unui anumit

---

[6] Nicki Stanton, *Comunicarea,* Ed. „Macmillan Publishing Limited", S. C. „Ştiinţă şi Tehnică" S.A., 1995, p. 4.

subiect de discuție sunt mult mai reduse decât ale noastre. Desigur este posibil, dar necesită abilitate din partea celui care comunică fiindcă el trebuie să se adapteze situației.

Lipsa de interes este una dintre cele mai mari bariere – ne referim la dezinteresul interlocutorului față de mesajul primit; mesaj ce trebuie să conțină elemente care să corespundă intereselor și nevoilor celui ce-l primește.

Uneori, emițătorii au probleme în a-și găsi cuvintele pentru a exprima ideile, ceea ce conduce la necesitatea îmbogățirii vocabularului. Lipsa de încredere poate cauza de asemenea dificultăți de comunicare. Aceasta poate fi diminuată sau învinsă prin pregătire și planificare atentă a mesajelor.

În anumite situații și momente, comunicarea poate fi blocată aproape complet datorită emotivității emițătorilor și a receptorilor. De aceea este recomandată evitarea comunicării atunci când se instalează emoții puternice, deoarece aceste stări îi pot face pe interlocutori incoerenți sau pot schimba complet sensul mesajelor transmise. De multe ori însă, emoțiile și entuziasmul pot fi benefice, impresionând persoana care primește mesajul.

Se poate ivi și riscul de a trata diferite persoane ca și când ar fi una și aceeași, considerându-le un individ care face parte dintr-o anume clasă socială, cu trăsături de grup social, nu ca pe o persoană cu trăsături individuale, cu o anume personalitate.

O mai bună șansă de succes se va oferi comunicării în momentul când avem un scop bine definit, când cunoaștem receptorul mesajului, când ne interesează ce fel de persoană este, cum va reacționa la primirea mesajului, ce știe despre conținutul acestuia, unde va fi receptorul în momentul primirii mesajului și care este relația dintre emițător și receptor.

Într-o comunicare, emițătorul trebuie să știe exact ce vrea să spună, ce dorește să spună, ce informații poate să omită și ce dorește receptorul să afle. Mesajul trebuie să conțină informații, date clare, concise, constructive, corecte și complete.

Conceperea mesajului trece prin mai multe faze. Se poate vorbi despre planificarea acestuia prin precizarea obiectivului – pentru a se evita devierea de la subiect – prin selectarea informațiilor esențiale, relevante, prin stabilirea legăturilor dintre elementele informațiilor și prin gruparea informațiilor într-o formă logică pe care cititorul sau ascultătorul să o poată urmări cu ușurință.

Autoverificarea este cea mai eficientă metodă de a ordona materialul. Dacă materialul folosit este amplu și greu de înțeles, el trebuie să se simplifice și să se reducă, mărind astfel și posibilitatea receptorului de a-l înțelege.

După constatarea lui Albert Mehrabian, din totalul mesajelor, aproximativ 7 % sunt verbale (numai cuvinte), 38 % sunt vocale (incluzând tonalitatea vocii, inflexiunea și unele sunete guturale), iar 55 % sunt mesaje nonverbale.

Profesorul Ray Birdwhistell a făcut estimări similare în privința cantității comunicărilor nonverbale între oameni. După aprecierile sale, o persoană obișnuită, de-a lungul unei zile, vorbește efectiv timp de zece sau unsprezece minute, iar o propoziție obișnuită durează în jur de două secunde și jumătate. Ca și Mehrabian, el consideră că în conversațiile în doi, comportamentul verbal este sub 35 %, comunicările nonverbale reprezentând peste 65 %.

Majoritatea cercetătorilor sunt în general de acord cu constatarea potrivit căreia comunicarea verbală este utilizată cu precădere pentru transmiterea informațiilor, în timp ce canalul nonverbal este folosit pentru exprimarea atitudinii interpersonale, iar, în anumite cazuri, pentru a înlocui mesajele verbale.

„Mulţi acceptă cu greu faptul că, din punct de vedere biologic, omul este totuşi un animal. Homo sapiens este o specie a primatelor, o maimuţă cu corpul neacoperit de păr, care a deprins mersul pe două picioare şi are un creier dezvoltat, capabil de gândire. Ca şi alte specii, şi noi suntem dominaţi de legi biologice, care ne controlează acţiunile şi reacţiile, limbajul trupului şi gesturile. Dar, uimitor, omul este rareori conştient de faptul că mişcările şi gesturile sale pot transmite o anumită poveste, în timp ce vocea spune cu totul altceva".[7]

## 1.2. Principii şi funcţii ale comunicării

Revenind asupra principiilor şi funcţiilor comunicării, voi aminti faptul că nu există teorii foarte diferite ale cercetătorilor în această privinţă. Totuşi, merită studiate în profunzime deoarece ne putem lărgi orizontul asupra acestei necesităţi imperioase ce apare între indivizi, grupuri sociale şi chiar între om şi animal.

În studiul „Comunicarea eficientă", al cărui autor este Ion – Ovidiu Pânişoară, găsim o clasificare a acestor funcţii, aşa cum ne-o propune T.K. Gamble şi M. Gamble. Astfel, „comunicarea sprijină o mai bună cunoaştere de sine, cât şi cunoaşterea celorlalţi"[8]. Atunci când îi cunoaştem pe ceilalţi în procesul de comunicare, ne cunoaştem în acelaşi timp propria fiinţă, ne dăm seama cum ne influenţează ceilalţi şi cum sunt ei influenţaţi de

---

[7] Allan Pease, *Limbajul trupului,* Ed. Polimark, Bucureşti, 2002, p. 12.

[8] Ion-Ovidiu Pânişoară, *Comunicarea eficientă,* Ediţia a II-a, revăzută şi adăugită, Ed. Polirom, Iaşi, p. 36.

noi. „Putem spune că ne privim în ochii celorlalți ca într-o oglindă; uneori, oglinda nu reflectă așa cum trebuie, deformează, și totuși avem nevoie de ea pentru a ști cum arătăm"[9]. Cu alte cuvinte, „înțelegerea și cunoașterea" este una dintre funcțiile comunicării.

Dezvoltarea unei „relaționări conștiente" cu ceilalți constituie o a doua funcție de bază a acestui proces de interacți-une, căci nu este suficient „să ne dezvoltăm propriul eu în relație cu alții și să-i cunoaștem"[10]. Avem nevoie de comunicare, de relații prin care să împărtășim celorlalți realitatea noastră, „să construim împreună semnificațiile realității care ne înconjoară. Prin aceasta, comunicarea îndeplinește, evident, și o funcție de socializare a persoanei"[11].

O a treia funcție dezvoltă ideea de colaborare și efort comun, perspective pe care comunicarea le creează în inter-acțiunea umană. Prin comunicare putem să-i influențăm pe ceilalți pentru a fi parte în activitatea noastră de a atinge anumite scopuri. Altfel spus, această funcție se referă la „dimensiunea de influență și persuasiune a comunicării"[12].

Principiile comunicării pot fi considerate niște instrumente de lucru, pe care le putem dezvolta și adapta în funcție de specificul comunicării proprii.

Relațiile interumane pornesc de la o realitate, de la o concepție care stabilește această legătură între indivizi prin comunicare, acest prim principiu specificând faptul că „nu se poate să nu comunicăm", chiar dacă ne propunem să nu facem

---

[9] Idem.

[10] Ion-Ovidiu Pânișoară, *op. cit.*, p. 36.

[11] Ibidem.

[12] Ion-Ovidiu Pânișoară, *Comunicarea eficientă*, Ediția a II-a, revăzută și adăugită, Ed. Polirom, Iași, p. 36.

acest lucru, căci comunicarea este inevitabilă, indiferent ce metode folosim – atitudine, comportament, prin cuvinte sau scris – comunicarea este un proces „interrelaționat" și „ireversibil", căci nu putem reacționa doar la nivel intelectual – când ne aflăm în conflict sau în relații bune cu cineva, de exemplu – ci și la nivel emoțional.

Comunicarea implică un conținut și o formă, două dimensiuni care ridică multe probleme într-o relație, din dificultatea sau chiar neputința de a distinge între cele două dimensiuni – conținut și relație.

În procesul comunicării sunt folosiți factori diverși, verbali, nonverbali, de context, care pot să se afle în armonie și să contribuie la o înțelegere a mesajului sau să-l contrazică – cei verbali să comunice un mesaj, iar cei nonverbali să transmită exact opusul.

Conform principiului prin care comunicarea este „simetrică și complementară", simetria se dezvoltă când doi indivizi se aseamănă și acționează la fel, ceea ce poate fi un atu pentru o bună înțelegere. Există însă situații în care cele două persoane intră în competiție și comunicarea eșuează. Uneori, aceste caracteristici opuse ale celor două comportamente „pot trimite spre o dezvoltare superioară a modului de interacțiune, la polul celălalt se află ceea ce se numește complementare rigidă, care se referă la inabilitatea de a schimba tipul de reacționare în direcția îmbunătățirii comunicării"[13].

Una dintre cele mai importante funcții ale comunicării este „competența de comunicare", realizată prin cumulul de funcții și de principii ale sale, dar și de personalitățile emițătorului și

---

[13] Ion-Ovidiu Pânișoară, *Comunicarea eficientă*, Ediția a II-a, revăzută și adăugită, Ed. Polirom, Iași, p. 37–38.

receptorului și de abilitatea acestora de a manifesta comportamente de comunicare potrivite în situațiile date.

Jablin F.M. Putnam afirmă: „Competența de comunicare necesită nu doar abilitatea de a performa în mod adecvat comportamente corecte de comunicare, în același timp, ea necesită înțelegerea acelor comportamente și abilități cognitive care fac posibilă alegerea între comportamente".

## 1.3. Elemente componente ale comunicării; forme de comunicare

Procesul comunicării poate fi definit prin interacțiunea componentelor sale: emițător și receptor, mesajul, apariția feedbackului, canalul și contextul comunicării, fiecare din aceste elemente realizând relația de interacțiune dintre partenerii comunicatori.

Emițătorul reprezintă un individ, un grup, o instituție sau o clasă socială care posedă o informație mai bine structurată decât receptorul, presupune o motivație – o stare de spirit, un scop explicit, alăturat mesajului, și unul implicit, care constituie motivul transmiterii mesajului, uneori necunoscut receptorului.

În școală, de exemplu, rolul de emițător revine profesorului. Receptorul – elevul sau studentul – preia într-o perspectivă modernă anumite segmente, care pot fi foarte importante, ale acestui rol, deoarece cursantul are acces la o multitudine de surse de informare, posedând uneori o informație mai bogată, mai actuală, mai flexibilă decât profesorul său. În acest caz, rolul de emițător deținut de cadrul didactic devine strict. Ca atare, pe lângă atributele de claritate, coerență și expresivitate, cadrul didactic trebuie să aibă un comportament flexibil şi adaptat, dezvoltând simultan cele două roluri, de emiţător şi receptor, tocmai pentru a-şi îmbunătăţi rolul sau de transmiţător al mesajului, atribuindu-şi grade diferite de prestigiu şi credibilitate, aspecte care au un impact puternic asupra comunicării respective. Recompensa conţine satisfacerea unor dorinţe ale receptorului, implicarea, interesul, performanţa sa – a elevului sau studentului.

Se poate vorbi şi despre puterea „referenţială" prin care emiţătorul se identifică cu receptorul, în cazul unei persoane sau al unui grup de prestigiu ce constituie un model de referinţă, cu care încearcă să se asocieze sau să se identifice alţii prin adoptarea atitudinilor sau convingerilor.

În anumite situaţii există puterea „legitimă" care se bazează pe înţelegerea de ambele părţi, anume că cineva are dreptul să pretindă ascultare de la ceilalţi, implicând un standard acceptat de ambii parteneri – exemplu: părinte – copil, profesor – elev, şef – subaltern.

În cazul comunicării dintre profesor şi elev, emiţătorul posedă cunoştinţe superioare care au impact asupra structurii cognitive a receptorului, aceasta fiind puterea „expertului", care, uneori este diminuată sau pierdută în situaţia în care profesorul nu posedă cunoştinţe actuale sau actualizate, influenţând astfel negativ climatul şcolar.

„Credibilitatea unui specialist e cu atât mai ridicată cu cât acesta şi-a dovedit în mai mare măsură profesionalismul, pregătirea, abilităţile tehnice în domeniul în care activează"[14].

Un loc important în receptarea unui mesaj îl ocupă predicţiile despre acel mesaj, în acest sens, receptorul luând în

---

[14] Carmen Secară, *Comunicare şi relaţii publice,* curs universitar, Ed. SITECH, Craiova, 2009, p. 59.

calcul experiența proprie anterioară în acel domeniu, iar când această experiență nu există, acceptând opiniile altor persoane despre mesaj sau despre cel care-l transmite.

De exemplu, cursurile care unui student i s-au părut plictisitoare, constituie predicții pentru următoarele ore de ascultare, deși, informațiile primite de această dată pot fi foarte interesante.

Luând în considerație aceste presupuneri, putem afirma că receptorii vor să afle informații, realizează o ascultare critică sau reflexivă ori primesc mesajele de la emițători doar pentru divertisment.

În mod curent există o îmbinare între toate tipurile de ascultare amintite mai sus, toate fiind necesare. La un anume individ sau grup, un singur fel de ascultare este predominant și în funcție de acesta trebuie construit și transmis mesajul.

Katz propune patru tipuri de reacții la modul în care a fost formulat, organizat și transmis mesajul, reacții care pot fi considerate caracteristice receptorului.

Reacția „adoptivă" sau utilitară reprezintă modul în care receptorul reacționează în vederea maximizării recompensei sau a minimizării pedepsei.

„Atitudinile și deprinderile față de anumite obiecte, persoane și simboluri se formează în măsura în care acestea satisfac anumite nevoi. Cu cât sunt mai aproape de satisfacerea efectivă a unor astfel de trebuințe și sunt mai clar percepute ca relevante în acest sens, cu atât este mai mare probabilitatea formării unei atitudini pozitive față de ele"[15].

---

[15] Katz, prin Ion-Ovidiu Pânișoară, *Comunicarea eficientă,* Ediția a II-a, revăzută și adăugită, Ed. Polirom, Iași, p. 47.

Reacţia de autoapărare – „egodefensivă" – se referă la tendinţa indivizilor de a încerca să menţină o imagine de sine acceptabilă, favorabilă.

Atitudinea, care exprimă valori, dă claritate imaginii de sine, dar o şi modelează mai aproape de ceea ce ne dorim, reprezentând reacţia expresiei valorice.

Ultima exprimată de Katz, reacţia cognitivă, se referă la nevoia de a da sens la ceea ce „ar părea altfel un univers ne-organizat şi haotic"[16].

Mesajul este un element cheie al comunicării. Acesta presupune o multitudine de informaţii obiective, judecăţi de valoare care privesc subiectiv informaţiile şi judecăţi de valoare şi trăiri personale în afara acestor informaţii.

T. K. Gamble şi M. Gamble afirmă că mesajele „sunt transmise prin mai multe canale; astfel, nivelul şi forma interacţiunii sunt diferite de caracteristicile contextului".

Mesajele pot varia în funcţie de mai mulţi factori, unul dintre ei fiind afinitatea şi relevanţa subiectului în raport cu receptorul sau în funcţie de stilul şi tipul de adresare folosite. Receptorii mesajelor diferă între ei prin receptivitatea faţă de sursă sau mesaj, prin abilitate şi interes. De aceea trebuie avute în vedere atât particularităţile emiţătorului, cât şi motivaţia sau orientarea receptorului, care-l fac sensibil la influenţa emiţătorului. Mesajul trebuie gândit în directă proporţie cu cel căruia îi este adresat.

John K. Frend şi Arnold Nelson consideră că există patru forme diferite de mesaj:

1. mesajul care există în mintea emiţătorului, regăsit în gândurile acestuia;

---

[16] Ibidem, p. 47.

2. mesajul care este transmis de emiţător, definind modul în care transmiţătorul codează mesajul;

3. mesajul care este interpretat, decodat de receptor;

4. mesajul care este amintit de acesta.

Feedback-ul este o componentă deosebit de importantă a comunicării. T.K. Gamble şi M. Gamble îl definesc drept „toate mesajele verbale şi nonverbale pe care o persoană le transmite în mod conştient sau inconştient ca răspuns la comunicarea altei persoane". Aceste mesaje sunt necesare pentru a determina măsura în care mesajul a fost înţeles, crezut şi acceptat.

Feedback-ul ar trebui să se bazeze pe încrederea dintre emiţător şi receptor, să fie mai ales specific decât general, de preferat să conţină exemple recente. El trebuie oferit în momentul în care receptorul este gata să-l accepte, trebuie să includă acele lucruri pe care receptorul să fie capabil să le facă şi să nu includă mai mult decât ceea ce receptorul poate să realizeze în timpul prevăzut de activitatea respectivă.

Canalul de comunicare reprezintă calea care permite difuzarea mesajului, având ca determinante: coerenţa de comunicare dintre emiţător şi receptor, şi stabilirea spaţiului principal pentru factorii perturbatori.

Boissevain consideră că legăturile dintre o anumită persoană şi un număr de alte persoane reprezintă potenţiale canale de comunicare, iar Myers D. G. apreciază că aceste canale sunt modelul în care „mesajul este oferit – faţă în faţă, în scris, prin film ori în alt fel", între două persoane sau în grup.

Putem privi canalul de comunicare în sens larg, definindu-se astfel totalitatea posibilităţilor fizice de comunicare, şi în sens restrâns dacă ne referim la modul de structurare al comunicărilor, în cadrul unui colectiv, incluzând relativ şi distribuţia în spaţiu a persoanelor. Referitor la acest din urmă criteriu, modalitatea în care circulă fluxul de comunicare într-o arie interacțională poartă numele de „rețea de comunicare". Aceasta este reprezentată de legăturile care unesc mai mulți comunicatori, depășind canalul de comunicare, deși se bazează pe el.

O sursă importantă de observație a rețelelor și a rolului acestora în procesul comunicării se regăsește în „teoria contagiunii", pe care o putem explica prin faptul că se bazează pe premisa conform căreia rețelele de comunicare în organizații servesc drept mecanism care expune indivizii, grupurile și organizațiile la informațiile, mesajele de natură atitudinală și la comportamentul celorlalți.

Teoria „contagiunii" stă la baza creșterii posibilității ca membrii rețelei să dezvolte convingeri și atitudini similare cu ale celorlalți din rețeaua lor de comunicare. Abordarea din această perspectivă caută să explice cunoștințele, atitudinile și comportamentul unor persoane prin influența exercitată de informațiile, aptitudinile și comportamentul altor persoane care se află în legătură printr-o rețea de comunicare.

Contextul comunicării reprezintă cadrul în care se produce comunicarea. În ceea ce privește contextul fizic, incidența sa asupra comunicării este evidentă – o aranjare a mobilierului într-un anume mod, într-o sală de curs, de exemplu, poate să permită sau, dimpotrivă, să îngreuneze comunicarea.

Influența contextului psihopedagogic, de exemplu, creat de emițător în timpul unei expuneri, unei povestiri, context imaginativ creat direct de mesaj, depinde de conținutul mesajului, de credibilitatea și potențialul informațional și pedagogic al emițătorului, de condiții sociale existente.

În concluzie, putem preciza că:

– emiţătorul reprezintă un individ, un grup sau o instituţie care posedă o informaţie mai bine structurată decât receptorul şi care presupune o stare de spirit şi un scop explicit – alăturat mesajului – şi unul implicit – motivul transmiterii mesajului, uneori necunoscut receptorului;

– receptorul este un individ, un grup sau o instituţie cărora le este adresat mesajul sau care intră în posesia lui în mod întâmplător şi primesc mesajul într-un mod conştient sau subliminal. În viziunea modernă, accentul se pune pe interacţiunea dintre emiţător şi receptor;

– mesajul presupune o multitudine de informaţii obiective, judecăţi de valoare care privesc informaţiile – subiectiv – şi judecăţi de valoare şi trăiri personale în afara acestor informaţii. O clasificare evolutivă a mesajelor include: mesajul care se află în mintea emiţătorului, mesajul transmis propriu-zis, mesajul interpretat şi mesajul reamintit de către receptor;

– feedback-ul poate include toate mesajele verbale şi nonverbale pe care o persoană le transmite în mod conştient sau inconştient ca răspuns la comunicarea altei persoane;

– canalul de comunicare reprezintă calea care permite difuzarea mesajului – extensia canalului de comunicare în direcţia structurării este reprezentată de conceptul de „reţea de comunicare";

– contextul comunicării reprezintă cadrul – fizic şi psihopedagogic – în care se produce comunicarea, fiind definit de trei caracteristici: proximitate, similaritate şi apartenenţa la grup.

Literatura de specialitate distinge o mare varietate de forme ale comunicării, oferită de diversitatea criteriilor de clasificare a acestora.

În studiul „Comunicarea eficientă", de Ion-Ovidiu Pânișoară, Luminița Iacob – coord. Cucoș – enumeră șase criterii:

– al partenerilor – intrapersonală, interpersonală, a unui grup mic și una publică;

– după statutul interlocutorilor – comunicarea verticală și comunicarea orizontală;

– după codul folosit – comunicare verbală, nonverbală și mixtă;

– după finalitatea actului comunicativ – o comunicare accidentală, una subiectivă și alta instrumentală;

– după capacitatea autointegrării;

– după natura conținutului – referențială, operațional-metodologică și atitudinală.

Pentru că studiul amănunțit al tuturor acestor forme de comunicare nu face obiectul lucrării de față, mă voi opri la comunicarea nonverbală, fără să trec însă peste câteva detalii asupra comunicării verbale și mixte.

Gândirea și limbajul se dezvoltă împreună. După asimilarea unui vocabular care reprezintă un ritual, petrecut atunci când ne aflăm într-o împrejurare – nuntă, botez, înmormântare –, a unui limbaj învățat în copilărie, cel care conferă unicitate legată de fiecare persoană, fiecare învață individual să întrebuințeze cuvintele în funcție de mediul în care se află – cu părinții, în școală, cu prietenii –, de situația dată, de postura pe care o are în societate, de pregătirea sa profesională și intelectuală.

Pentru a îmbunătăți eficiența comunicării verbale este nevoie să ne îndreptăm atenția către scopul comunicării, către modalitatea pe care o vom folosi – ce limbaj vom întrebuința – și către receptor.

Comunicarea scrisă constituie o metodă de strângere a datelor care-l interesează pe individ prin munca sa. Aceste fragmente disparate ajung să alcătuiască o masă considerabilă de informații care trebuie ordonate în propoziții, fraze și paragrafe centrate asupra unei singure idei, până la definitivarea mesajului transmis. Este necesar ca în ordonarea ideilor să folosim fraze cu o lungime medie (15 – 20 de cuvinte), să alegem cuvinte înțelese și de receptor și să evităm exprimarea comună, tipică limbajului oral.

„Orice comunicare interpersonală se prezintă ca un dialog purtat între un eu și un tu. Tocmai de aceea, abordarea corectă a procesului comunicării reclamă clarificarea, în prealabil, a statutului acestor două pronume personale. Poziția unică pe care o ocupă ele în sistemul limbii este datorată caracterului lor „deictic non-demonstrativ"[17], trăsătură pe care nu o mai întâlnim la nicio altă unitate lingvistică „neautonomă din punct de vedere referențial".[18, 19]

Comunicarea orală reprezintă modalitatea cel mai des întâlnită de comunicare. Comunicarea nonverbală o însoțește pe cea verbală, definindu-se în relație cu aceasta.

Este greu să ne închipuim existența noastră alături de semenii noștri în lipsa comunicării orale. Pentru Denis McQuail, comunicarea orală reprezintă un instrument prin care putem avea acces la studiul altor forme și procese de comunicare: „Principalul mijloc al comunicării umane este limba vorbită, atât în sensul

---

[17] John Lyons, *Introducere în lingvistica teoretică*, Ed. Științifică, București, 1995, p. 454, prin Carmen Secară, *Comunicare și relații publice*, curs universitar, Ed. SITECH, Craiova, 2009, p. 78.

[18] Ibidem.

[19] Carmen Secară, *Comunicare și relații publice*, curs universitar, Ed. SITECH, Craiova, 2009, p. 78.

priorității istorice, cât și pentru că este forma de comunicare cea mai frecvent utilizată și care oferă modelul pentru alte forme de comunicare"[20].

Există, ca și în comunicarea scrisă, anumite atribute care nu conduc către unele principii caracteristice comunicării orale, care presupune un mesaj. Acesta trebuie să includă elemente de structură, pe care receptorul să-și fundamenteze înțelegerea, elemente de actualitate, interes și motivație pentru ascultător, elemente de feedback, claritate și coerență.

Comunicarea orală presupune oferirea unor suporturi multiple de înțelegere a mesajului, și de concordanță dintre mesajul verbal și nonverbal. De asemenea, acest fel de comunicare permite reveniri asupra unor informații, detalieri, care nu au fost prevăzute atunci când a fost conceput mesajul. Este puternic influențată de situație și ocazie, în funcție de dispoziția motivațională, factori de stres și oboseală, condiții favorizante sau nu ale contextului comunicării. Comunicarea orală este puternic influențată de caracteristicile individuale ale emițătorului, oferă o mare proporție de elemente întâmplătoare și este practic nelimitată.

Paralimbajul reprezintă modul prin care mesajul este transmis: viteza cu care vorbim, ridicarea sau scăderea tonului, volumul, folosirea frazelor, calitatea vorbirii.

„[...] trebuie remarcat că numai în mod arbitrar sau în scop funcțional-didactic putem separa comunicarea verbală de cea nonverbală, ele aflându-se pe un continuum extrem de flexibil; într-adevăr, un mesaj este mai credibil și suportă o înțelegere mai profundă atunci când, în transmiterea lui, suporturile verbal și

---

[20] McQuail Denis, *Comunicarea,* Ed. Institutul European, Iași, 1999, p. 72.

nonverbal se îmbină eficient. La celălalt capăt al perspectivei la care facem apel, putem să ne închipuim cum ar fi transmiterea unui mesaj fără incidența mișcărilor, gesticii, mimicii la care cealaltă persoană apelează atunci când desfășoară respectiva activitate de comunicare?"[21].

---

[21] Ion-Ovidiu Pânișoară, *Comunicarea eficientă*, Ediția a II-a, revăzută și adăugită, Ed. Polirom, Iași, p. 77–78.

# CAPITOLUL II. COMUNICAREA NONVERBALĂ

## 2.1. Interferenţa dintre comunicarea verbală şi comunicarea nonverbală

Între comunicarea verbală şi comunicarea nonverbală există o puternică interdependenţă. Comunicarea nonverbală susţine comunicarea verbală cel puţin în doua moduri: prin repetarea celor spuse verbal, şi prin completarea mesajelor verbale. Comunicarea nonverbală are o mare doză de credibilitate, întrecând-o pe cea a comunicării verbale şi anume, „dacă prin comunicarea directă, prin limbajul verbal, putem minţi, limbajul nonverbal va releva adevărul din spatele cuvintelor noastre, va spune cine suntem noi cu adevărat"[22].

Comunicarea verbală şi comunicarea nonverbală se diferenţiază prin câteva puncte de vedere: continuitatea, canalul de comunicare şi modalităţile folosite, măsura în care pot fi controlate, structura şi modul în care sunt formate. Comunicarea verbală are un început şi un sfârşit clar delimitate de cuvintele folosite, pe când comunicarea nonverbală este continuă – exemplu: privitul pe fereastră, cititul ziarului sunt un demers permanent. Comunicarea verbală este controlată aproape total, pe când comunicarea nonverbală este aproape în totalitate incon-

---

[22] Carmen Secară, *Comunicare şi relaţii publice,* curs universitar, Ed. SITECH, Craiova, 2009, p. 89.

trolabilă. Comunicarea verbală este înalt organizată şi structurată, pe când comunicarea nonverbală este nestructurată, este înnăscută, iar parte din ea este formată prin achiziţii mai degrabă evolutive – imitarea unor gesturi văzute la cei din jur.

Hybels Weaver ne informează că „putem regăsi în practică incidenţa unor funcţii ale comunicării nonverbale:

• *comunicarea nonverbală are menirea de a o accentua pe cea verbală;*

• *comunicarea nonverbală poate să completeze mesajul trimis pe cale verbală;*

• *comunicarea nonverbală poate, în mod deliberat, să contrazică anumite aspecte ale comunicării verbale;*

• *o altă funcţie a comunicării nonverbale este aceea de a regulariza fluxul comunicaţional şi de a pondera dinamica proprie comunicării verbalizate;*

• *comunicarea nonverbală repetă sau reactualizează înţelesul comunicării verbale, dând astfel posibilitatea receptorului comunicării să identifice în timp real un îndemn aflat în „spatele" unei moţiuni/afirmaţii;*

• *în sfârşit, putem spune chiar că elemente ale comunicării nonverbale pot să substituie aspecte ale comunicării verbale".*[23]

Michael Argyle ia în considerare patru funcţii: exprimarea emoţiilor; transmiterea atitudinilor interpersonale – dominanţă/supunere, plăcere/neplăcere; prezentarea personalităţii; acompanierea vorbirii, ca feedback, pentru a atrage atenţia.

După Maurice Patterson, comunicarea nonverbală îndeplineşte următoarele funcţii: transmite informaţii; gestionează interacţiunile; reflectă gradul de apropiere; exercită influenţă;

---

[23] Hybels Weaver, 1989, p. 111, prin Ion-Ovidiu Pânişoară, *Comunicarea eficientă*, Ediţia a II-a, revăzută şi adăugită, Ed. Polirom, Iaşi, p. 79–80.

controlează sentimentele; facilitează satisfacerea unor obiective sau interese.

Judee K. Burgoon, David B. Buller și W. Gill Woodall, când analizează comunicarea nonverbală, au în vedere următoarele funcții, dincolo de rolul ei în producerea și procesarea comunicării verbale: structurarea interacțiunii; identificarea sau proiectarea identității sinelui, funcție ce se referă la modul de codificare și de decodificare a mesajelor; formarea impresiei – modul în care sunt percepute persoanele după comportamentul lor nonverbal, formarea primei impresii; exprimarea și managementul emoțiilor; managementul relației de comunicare; f) managementul conversației; managementul impresiei; influența socială – rolul comunicării nonverbale în procesele de persuasiune; înșelarea și suspiciunea de înșelare.

În literatura română, Gheorghe-Ilie Fârte[24], trecând în revistă caracteristicile comunicării nonverbale, acceptă că actele nonverbale de limbaj au șase funcții: repetarea, substituirea, completarea, inducerea în eroare (ascunderea versus dezvăluirea), reglarea, sublinierea.

Dar în literatura de specialitate „se discută și despre disfuncțiile comunicării nonverbale: parazitarea mesajului; întreruperea comunicării"; ne informează I. Chiru[25]. Se poate spune că gesturile de ilustrare sporesc uneori redundanța, parazitând mesajul. De asemenea, „ooo"-urile, „aha"-urile, „îhî"-urile segmentează mesajul, împiedicând de multe ori comunicarea.

---

[24] Fârte Gheorghe-Ilie, *Comunicarea. O abordare praxiologică*, Casa Editorială Demiurg, Iași, 2004, p. 118–119.

[25] Chiru Irena, *Comunicarea interpersonală*, Editura Tritonic, București, 2003, p. 33.

Prin „comunicare" vom înțelege orice transmitere a informațiilor, ideilor și emoțiilor de la o entitate socială – persoană, grup uman, colectivitate – la alta, prin intermediul mesajelor.

Comunicarea poate fi „verbală", când informația este transmisă prin limbajul articulat – oral sau scris –, sau „nonverbală", când nu folosim acest limbaj. Termenul de „comunicare nonverbală" are o sferă mai largă decât cel de „comportament nonverbal", care desemnează modificarea intenționată sau neintenționată a poziției corpului unei persoane în raport cu un sistem de repere spațiale sau cu schimbarea poziției componentelor corporale ale acesteia – cap, trunchi, membre – în raport cu un sistem de axe rectangulare, în afara acțiunii directe a altor persoane prin producerea sau limitarea forțată a mișcărilor corporale sau prin deplasarea în spațiu a respectivelor persoane fără acordul acestora.

Judee K. Burgoon, David B. Buller și W. Gill Woodall atrag atenția asupra faptului că nu trebuie să acordăm comunicării nonverbale o poziție secundară, de auxiliar al comunicării verbale, iar funcțiile trebuie analizate în parteneriat cu comunicarea verbală, chiar dacă, uneori, comunicarea nonverbală se realizează independent de cea verbală. Astfel, comunicarea nonverbală participă la producerea și procesarea mesajelor, ajută la definirea situației chiar înainte de a începe comunicarea verbală, structurează interacțiunea, servește la proiectarea self-ului, la formarea impresiei, la exprimarea și la controlul emoțiilor, precum și la managementul relațiilor interpersonale și al impresiei.

Ca și comunicarea verbală, comunicarea nonverbală poate fi modelată în termenii de emițător, receptor, mesaj, canal de comunicare, efect, feedback și context al actelor de comunicare.

Emițătorul este sursa mesajelor; „receptorul" este destinatarul lor. „Mesajul" are o semnificație care este „codificată" – tradusă într-un cod, într-un sistem de semne adecvat canalului de comunicare și receptorului – de către emițător și „decodificată" (re-tradusă) de către receptor.

Decodificarea mesajelor comunicării nonverbale trebuie să aibă în vedere contextul cultural, informațiile culturale asociate unui act de comunicare. Unele culturi sunt înalt contextuale – acordă o importanță deosebită contextului în stabilirea sensului unei comunicări – altele sunt slab contextuale. Când se stabilesc întâlniri de afaceri, trebuie să se aibă în vedere acest element al cronemicii, al comunicării nonverbale prin intermediul perceperii și utilizării timpului.

Mesajele sunt transmise utilizându-se diferite canale de comunicare: vizual, auditiv, tactil, olfactiv. În comunicarea non-verbală, unul și același mesaj poate fi transmis concomitent prin mai multe canale senzoriale. „Te iubesc" se spune, în limbajul nonverbal, prin modul de a privi – contact vizual –, dar și prin tremurul vocii – paralimbaj, prin îmbrățișare și sărut – atingeri corporale – și – de ce nu? – prin semnale chimice – comunicare olfactivă. Sigur, importanța diferitelor canale de comunicare – senzoriale – este mai mare sau mai mică în funcție de mesaj. Pentru a exprima acordul sau dezacordul este suficient să mișcăm capul în sus și în jos sau de la dreapta la stânga și de la stânga la dreapta, transmițând mesajul „Da/Nu" printr-un singur canal, cel vizual.

Comunicarea – verbală și nonverbală – ...o axiomă a comunicării umane, a vieții sociale, în general. Când luăm în considerare mesajele verbale și când ne bazăm pe cele nonverbale? Michelle Eskritt și Kang Lee sugerează un răspuns credibil:

„Când mesajul este «natural», aşa cum se întâmplă în mod obişnuit în viaţa de zi cu zi, majoritatea oamenilor iau în considerare semnalele verbale; când se observă o incongruenţă între mesajele verbale şi nonverbale, cei mai mulţi se ghidează după semnalele nonverbale".

După constatarea lui Albert Mehrabian, din totalul mesajelor, aproximativ 7 % sunt verbale (numai cuvinte), 38 % sunt vocale (incluzând tonalitatea vocii, inflexiunea şi alte sunete guturale), iar 55 % sunt mesaje nonverbale.

Profesorul Ray Birdwhistell a făcut estimări similare în privinţa cantităţii comunicărilor nonverbale între oameni. După aprecierile sale, o persoană obişnuită, de-a lungul unei zile, vorbeşte efectiv timp de zece sau unsprezece minute, iar o propoziţie obişnuită durează în jur de două secunde şi jumătate. Ca şi Mehrabian, el consideră că în conversaţiile în doi, comportamentul verbal este sub 35 %, comunicările nonverbale reprezentând peste 65 %.

Din punct de vedere practic, de fiecare dată când spunem despre cineva că este „perspicace" sau că are „intuiţie", ne referim la capacitatea sa de a citi semnalele nonverbale ale altor persoane şi de a le compara cu cele verbale. Cu alte cuvinte, când spunem că „presimţim" sau „simţim" că cineva ne-a minţit, de fapt remarcăm că limbajul trupului său şi cuvintele rostite de acel ins nu sunt în concordanţă. Este ceea ce oratorii numesc simţul auditorului sau raportul cu un grup de oameni.

Cercetătorii susţin şi afirmă că femeile sunt în general mai perspicace decât bărbaţii, şi acest fapt justifică ceea ce de obicei numim „intuiţie feminină". Femeile au abilitatea înnăscută de a colecţiona şi descifra semnalele nonverbale şi de a observa cu un ochi atent detaliile mărunte.

„Această intuiție devine deosebit de evidentă la femeile care au crescut copii deoarece, în primii ani, mama realizează comunicarea cu copilul mai ales pe cale nonverbală; din această cauză, de cele mai multe ori, femeile devin negociatoare mai perspicace decât bărbații."[26]

Septimiu Chelcea, în studiul „Comunicarea nonverbală: gesturile și postura" lasă deschisă întrebarea dacă la om comunicarea nonverbală beneficiază numai de patru canale – vizual, auditiv, tactil, olfactiv –, știut fiind că abilitatea indivizilor umani de a recepta stimuli (semnale) și de a stabili cu aceștia un raport de sens include – după A. Uhtomski – sensibilitatea: tactilă; termică; vizuală; auditivă; vibratorie; proprioceptivă; ortostatică și de echilibru; gustativă; olfactivă; introceptivă; dureroasă. Dacă restrângem aria sensibilității umane la receptarea stimulilor din lumea înconjurătoare, nu ni se pare hazardat să ne gândim și la alte forme de comunicare nonverbală, de exemplu la „comunicarea termică", la „comunicarea dolorifică" sau la „comunicarea vibratorie". Decodificăm diferit o strângere rece de mână, comparativ cu o strângere călduroasă de mână; strângerea mâinii tip menghină generează alte reprezentări decât una tip „pește mort". În unele cazuri, de exemplu la nevăzători, sensibilitatea vibratorie este performantă.

Comunicarea nonverbală se realizează cu ajutorul semnelor și semnalelor. Unii autori nu fac deosebire între cei doi termeni, preferând să analizeze semnele. Alți autori, cum ar fi Edward O. Wilson, vorbesc despre semnale, înțelegând prin acest termen „orice comportament ce comunică informație de la un individ la altul, indiferent dacă el servește și alte funcții". Vera F. Birkenbihl

---

[26] Allan Pease, *Limbajul trupului,* Ed. Polimark, București, 2002, p. 14.

utilizează exclusiv termenul „semnal" când analizează „limbajul corpului".

Semnalele sunt de două feluri: discrete sau digitale; gradate sau analogice. Semnalele digitale semnifică prezența/absența, da/nu. Semnalele analogice semnifică intensitatea.

„Semnalele analogice sunt directe, plastice sau reprezintă o analogie, în timp ce semnalele digitale sunt simbolice, abstracte, adesea „complicate" și, probabil, specific umane"[27] – este de părere Vera F. Birkenbihl, citându-l pe Paul Watzlawick. Stabilirea contactului vizual între interlocutori reprezintă un semnal digital; durata contactului vizual este, însă, un semnal analogic.

Semnalele pot fi congruente – care se potrivesc – sau incongruente. Așadar, semnale care se potrivesc și semnale care nu se potrivesc. Congruența/incongruența se referă la potrivirea/nepotrivirea dintre:

• *semnalele verbale și cele nonverbale;*
• *semnalele nonverbale transmise prin diferitele canale de comunicare;*
• *semnalele nonverbale și situația socială concretă;*
• *semnalele nonverbale și caracteristicile psiho-socio-demografice ale persoanei.*

Semnalele incongruente sunt, adesea, generate de persoane nesigure de adevărul mesajelor verbale transmise sau care vor în mod deliberat să ascundă adevărul. „Incongruența nu are putere de convingere!"[28].

---

[27] Birkenbihl, Vera F., *Semnalele corpului. Cum să înțelegem limbajul corpului,* Editura Gemma Press, București, 1979/1999, p. 17.
[28] Ibidem, p. 26.

## 2.2 Studiul comunicării nonverbale: scurt istoric

Septimiu Chelcea, în studiul „Comunicarea nonverbală: gesturile şi postura", este de părere că preocupările de cunoaştere a modului cum comunicăm fără a ne sluji de cuvinte au o îndelungată preistorie şi o foarte scurtă istorie. Preistoria domeniului de studiu al comunicării nonverbale acoperă perioada din Antichitate până spre sfârşitul secolului al XIX-lea.

În tradiţia vestică, în cele mai vechi încercări de abordare sistematică a acţiunilor expresive, atât în scrierile din Grecia şi, mai târziu, de la Roma, gesturilor li s-au acordat, într-un fel sau altul, o mare importanţă.

Primul profesor de retorică publică de la Roma, Marcus Fabius Quintilianus a consacrat unul dintre cele douăsprezece volume ale compendiului Institutio oratoria – Formarea vorbitorului în public –, pronunţiei (vocii şi gesturilor). Acest volum, al XI-lea, singurul care s-a păstrat până în zilele noastre, „ne oferă informaţii detaliate despre limbajul trupului folosit de orator în concepţia romanilor"[29]. Observaţiile lui Quintilianus merg până în cele mai mici detalii, „de la mişcările sprâncenelor până la poziţia picioarelor, totul este strict codificat, în spiritul principiului

---

[29] F. Graf, 1991/2000, p. 42 prin Septimiu Chelcea, Loredana Ivan şi Adina Chelcea, *Comunicarea nonverbală: gesturile şi postura,* Editura Comunicare.ro, Bucureşti, 2005, p. 19.

formulat de Cicero că orice mişcare a sufletului trebuie însoţită de o mişcare a trupului"[30].

În primele decenii ale secolul al XVII-lea se înregistrează o renaştere a interesului pentru studiul gesturilor – apreciază Adam Kendon şi Cornelia Müller în editorialul primului număr al revistei Gesture – 2001. La Veneţia, Giovanni Bonifacio publică în 1616 lucrarea Arte de'Cenni. La Londra, John Bulwer publică Chironomia – 1644. În secolele următoare, scrierile despre posibilităţile cunoaşterii oamenilor după constituţia lor corporală, după forma feţei şi a craniului, ca şi după expresiile feţei, se înmulţesc.

În cadrul istoriei ştiinţei despre comunicarea nonverbală se poate vorbi despre precursori până la jumătatea secolului XX – Ch. Darwin, D. Efron, E. Kretschmer,W.H. Sheldon –, despre fondatori, între anii 1950 şi 1980 – R.L. Birdwhistell, J.R. Davitz, P. Ekman, L.K. Frank, E.T. Hall, R. Rosenthal –, iar despre cercetătorii de azi ai domeniului, în ultimele două, trei decenii – R. Akert, M. Argyle, J.K. Burgoon, D.B. Buller, J. Corraze, M.L. Knapp, J. Streeck, W.G. Woodall şi mulţi alţii.

Charlie Chaplin şi mulţi alţi actori ai filmului mut au fost pionerii folosirii cu pricepere a comunicării nonverbale; aceasta a fost pe atunci singura metodă disponibilă a ecranului. Fiecare actor era considerat bun sau rău în măsura în care izbutea să utilizeze gesturile şi alte semnale ale trupului pentru a comunica eficient. Când filmul vorbit a devenit popular, iar aspectelor nonverbale ale jocului li s-a acordat mai puţină atenţie, mulţi actori ai filmului mut au intrat în anonimat, triumfând cei cu mai bune disponibilităţi verbale.

---

[30] Carmen Secară, *Comunicare şi relaţii publice,* curs universitar, Ed. SITECH, Craiova, 2009, p. 67.

### Precursorii

Se acceptă cvasiunanim că lucrarea lui Charles R. Darwin „Expression of Emotions in Man and Animals" – 1872 – constituie primul reper în istoria propriu-zisă a cercetării proceselor comunicării nonverbale. În timp, influența lucrării lui Darwin a fost copleșitoare. Unii specialiști apreciază chiar că anul 1872 marchează apariția psihologiei sociale. Chiar dacă asupra acestui lucru părerile sunt împărțite, rămâne în afara oricărei discuții faptul că Charles Darwin, analizând expresia emoțiilor la om și la animale, a fundamentat un nou domeniu de studiu: comunicarea nonverbală – deși nu a folosit termenul ca atare.

În primul rând, în lucrarea citată, fondatorul teoriei despre evoluția plantelor și animalelor prin selecție naturală arată că oamenii, indiferent de cultura căreia îi aparțin, au în comun aceleași elemente de exprimare nonverbală a emoțiilor. Inițial, „Expresia emoțiilor la om și animale" a fost gândită ca un capitol al lucrării „Descendența omului și selecția sexuală" – 1871. Va trebui deci să privim cele două lucrări ca formând un tot organic – așa cum atrăgea atenția acad. Vasile D. Mârza – 1967, cel care a prefațat traducerea celor două lucrări în limba română.

Charles Darwin aduce numeroase dovezi în sprijinul ipotezei că stările emoționale sunt exprimate la fel la toate popoarele, în toate culturile lumii. Altfel spus, exprimarea emoțiilor este înnăscută sau instinctivă. Dacă lucrurile nu ar sta așa, „expresiile sau gesturile convenționale, dobândite de individ în perioada timpurie a vieții, s-ar fi deosebit probabil la diferitele rase, întocmai ca și limbile pe care le vorbesc".

În al doilea rând, Charles Darwin demonstrează că exprimarea emoțiilor antrenează numeroase semne, astfel că inferența de la ceea ce este direct observabil la ceea ce este subiacent – stările psihice – trebuie să ia în considerare simptomul, nu semnul izolat.

Darwin aduce însemnate contribuții la metodologia cercetării comportamentului nonverbal și, implicit, a comunicării nonverbale. S-a făcut apel la metoda comparativă. Pentru prima dată s-a utilizat fotografia în studiul comportamentului uman.

Istoricul preocupărilor de cunoaștere a comunicării nonverbale trebuie să ia în considerare și lucrările lui Ernest Kretschmer – „Physique and Character", 1925 – William Sheldon – „Varieties of Human Physique", 1940 – din domeniul somatotipologiei, ca și studiul lui David Efron – „Gesture and Environment", 1941 – care relevă importanța culturii în comunicarea nonverbală.

### Fondatorii

Primele studii care au în titlu sintagma „comunicare nonverbală" au apărut la jumătatea secolului trecut. Se pare că Jurgen Ruesch (psihiatru) și Weldon Kees (fotograf) au fost cei dintâi care au inclus termenul de „comunicare nonverbală" în titlul unei cărți – „Nonverbal Communication: Notes on the Visual Perception of Human Relations", 1956. Cei doi autori au arătat că în comunicarea umană sunt implicate șapte sisteme diferite: prezența fizică și îmbrăcămintea; gesturile sau mișcările voluntare; acțiunile întâmplătoare; urmele acțiunilor; sunetele vocale; cuvintele rostite; cuvintele scrise. Este demn de remarcat faptul că, în concepția celor doi autori, cinci din cele șapte sisteme implicate în comunicarea umană sunt de natură nonverbală.

### În căutarea unei definiții psihosociologice

„Ce este comunicarea nonverbală?"

Toată lumea realizează că „nonverbal" înseamnă „fără cuvinte". Dar modul cum rostim anumite cuvinte face parte din comunicarea nonverbală. Nu orice mesaj „fără sonor" intră în sfera comunicării nonverbale şi nu orice comunicare vocală este comunicare verbală.

În literatura de specialitate se menţionează nu o singură definiţie a comunicării nonverbale, ci mai multe – şi toate (sau aproape toate) sunt acceptabile. Depinde din ce perspectivă este abordat procesul de transmitere a semnalelor non lingvistice.

J. Corraze este de părere că termenul de comunicare non-verbală este „unul dintre conceptele semiotice cele mai prost definite". Determinativul „nonverbal" este într-adevăr neclar: pe de o parte, comunicarea nonverbală se referă şi la aspectele sonore ale comunicării verbale – intensitatea vocii, pauzele –, pe de altă parte, comunicarea verbală nu are totdeauna calităţi lingvistice propriu-zise (de exemplu, folosirea onomatopeelor). Din această cauză, expresia „limbajul silenţios" nu este decât o metaforă, şi nu un termen echivalent pentru „comunicarea nonverbală".

Jacques Corraze este de părere că: „Prin comunicare non-verbală se înţelege ansamblul de mijloace de comunicare existente între fiinţele vii, care nu utilizează limbajul uman sau derivatele nesonore ale acestuia – scrisul, limbajul surdo-muţilor. Se procedează prin excludere şi prin includere în acelaşi timp. Nu este reţinută comunicarea om–maşină, dar în sfera conceptului de „comunicare nonverbală" este cuprinsă şi comunicarea dintre animale". În fond, J. Corraze este etolog, interesat de evoluţia formelor de comunicare pe scară animală şi la om.

Adam Kendon definea comunicarea nonverbală prin enu-merare: „mișcările corpului, gesturile, expresiile feței și orientarea corpului, postura și spațiul, atingerile și pronunția și acele aspecte ale vorbirii precum intonația, calitatea vocii, ritmul vorbirii și, de asemenea, tot ce poate fi considerat diferit de conținutul actului vorbirii, de ceea ce se spune".

Autorii studiului „Comunicarea nonverbală: gesturile și postura" definesc comunicarea nonverbală: „Înțelegem prin co-municare nonverbală interacțiunea umană bazată pe transmiterea de semnale prin prezența fizică și/sau prin comportamentele indivizilor într-o situație socio-culturală determinată"[31].

Septimiu Chelcea este de părere că „în comunicarea inter-personală, cuvintele nu sunt de-ajuns. Uneori, apelul la cuvinte este chiar inutil – când este zgomot, când distanța dintre interlo-cutori este mare, când nu cunoaștem limba vorbită de celălalt. Gesturile și postura, împreună cu mimica, utilizarea spațiului, contactul vizual, atingerile corporale, îmbrăcămintea, mirosurile, tonul vocii, reprezentarea timpului însoțesc și, uneori, înlocuiesc cuvintele. Toate acestea alcătuiesc comunicarea nonverbală"[32].

## 2.3. Forme ale comunicării nonverbale

Corpul uman „vorbește" și uneori spune mai mult. Indica-torii comportamentali din viața de zi cu zi au un conținut ridicat de informație. Felul în care stăm când vorbim cu cineva, felul în

---

[31] Septimiu Chelcea, Loredana Ivan și Adina Chelcea, *Comunicarea nonverbală: gesturile și postura,* Editura Comunicare.ro, București, 2005, p. 25.

[32] Septimiu Chelcea, Loredana Ivan și Adina Chelcea, *op. cit.,* p. 11.

care ne mișcăm picioarele, mâinile, ochii și sprâncenele — spun multe despre gradul de implicare în conversație și despre atitudinea fundamentală față de celălalt. Toate acestea afectează și modul în care vorbim cu partenerul și frecvența cu care suntem întrerupți. Felul în care ne aranjăm brațele și picioarele când ne așezăm oferă și el o multitudine de informații despre dispoziția și intențiile noastre, arătând dacă ne simțim dominanți sau supuși, preocupați sau plictisiți, implicați sau detașați. Modul în care zâmbim — mușchii faciali pe care îi folosim și viteza cu care îi solicităm — arată dacă suntem într-adevăr fericiți, dacă ne prefacem, dacă mințim, dacă suntem anxioși, nefericiți, siguri sau nesiguri pe capacitățile noastre. Și întreruperile discursului conțin foarte multe informații. Felul în care ezităm în timp ce vorbim, felul în care spunem „hm" și „mda" oferă indicații importante despre starea noastră sufletească, în timp ce felul în care ne alegem cuvintele, expresiile pe care le folosim și modul în care ne construim frazele pot transmite un „mesaj oficial" celorlalți, opțiunile lingvistice pot conține și „mesaje deghizate" care relevă intențiile noastre adevărate.

Nicki Stanton[33] ne arată că atunci când vorbim, voluntar sau involuntar, comunicăm prin:

• *expresia feței – un zâmbet, o încruntare;*

• *gesturi – mișcarea mâinilor și a corpului pentru a explica sau accentua mesajul verbal;*

• *poziția corpului – modul în care stăm, în picioare sau așezați;*

---

[33] Nicki Stanton, *Comunicarea*, Ed. „Macmillan Publishing Limited", S. C. „Știință și Tehnică" S.A., 1995, p. 2-3.

• *orientarea – dacă stăm cu faţa sau cu spatele către interlocutor;*

• *proximitatea – distanţa la care stăm faţă de interlocutor;*

• *contactul vizual – dacă privim interlocutorul sau nu, cât şi intervalul de timp în care îl privim;*

• *contactul corporal – o bătaie uşoară pe spate, o îmbrăţişare, un sărut;*

• *mişcări ale corpului – pentru a indica aprobarea/deza-probarea sau pentru a încuraja interlocutorul să continue;*

• *aspectul exterior – înfăţişarea fizică sau alegerea vesti-mentaţiei;*

• *aspectele nonverbale ale scrisului – scrisul de mână, aşezarea, organizarea, acurateţea şi aspectul vizual general.*

### a. Faţa şi expresiile ei

Cercetătorii susţin că „faţa fiecărui individ poartă informaţii despre atribute biologice şi sociale importante, cum ar fi iden-titatea, specia, genul, vârsta, precum şi starea emoţională".

Studiul expresiilor feţei a debutat în a doua jumătate a secolului al XIX-lea. Să ne amintim de celebra lucrare a lui Charles Darwin – Expresia emoţiilor la om şi animale. În timp s-a adunat un munte de observaţii, s-au emis diferite ipoteze şi s-au elaborat tehnici din ce în ce mai sofisticate pentru înregistrarea contracţiei muşchilor faciali din care rezultă expresiile feţei. Charles Darwin a ajuns la concluzia că „aceeaşi stare psihică este exprimată în toată lumea cu o uniformitate remarcabilă: acest fapt este, prin el însuşi, interesant, ca o dovadă a strânsei asemănări a structurii corporale şi a dispoziţiei mintale a tuturor raselor omeneşti". Totuşi, observa Charles Darwin, „utilizarea muşchilor feţei, în număr de 55, diferă de la o persoană la alta – „capacitatea de a-şi arăta caninii de o singură parte" sau „capacitatea de a-și ridica aripile nărilor".

În 1965, când Paul Ekman a început să studieze expresiile feței, majoritatea antropologilor erau convinși de faptul că gesturile și emoțiile au fundamente culturale, că sunt învățate în procesul socializării – ipoteza relativismului. Paul Ekman a pornit de la ipoteza că „expresiile feței sunt programate ca o parte naturală a emoțiilor. Pentru că toți oamenii aparțin aceleiași specii și toți au același număr de mușchi faciali (43 de mușchi faciali), este de așteptat ca oriunde în lume emoțiile să se exprime în același mod, să fie recunoscute ca atare. Fiecărei emoții îi corespund câte două expresii ale feței: una programată ereditar, aceeași în toate culturile; alta, reprezentând o abatere de la expresia programată, variază de la o cultură la alta".

Paul Ekman și Wallance Friesen au identificat trei componente ale feței în comunicarea emoțiilor. Prima componentă este reprezentată de partea de sus a feței, fruntea și sprâncenele. A doua, partea de mijloc: urechile, ochii și pomeții obrajilor. Iar a treia componentă, partea de jos a feței: nasul, gura și bărbia. Toate acestea ilustrează șase tipuri de emoții: furia, dezgustul, teama, bucuria, supărarea, satisfacția și surprinderea, recunoscute ca fiind universale. Pe lângă acestea, Jonathan Haidt și Dacher Keltner mai supun atenției și alte stări: jena, rușinea, compasiunea, amuzamentul, „mușcarea limbii", acoperirea feței și mirarea.

Cercetările ce au avut ca obiect de studiu fața umană au demonstrat că expresia sa influențează de multe ori comportamentul, decizia sau evoluția unor lucruri în diferite situații în care indivizii interacționează – o persoană, care are o înfățișare plăcută și este tot timpul cu zâmbetul pe buze are șanse mult mai mari de angajare, de reuşite, în comparaţie cu una care afişează o atitudine distantă şi nu are un aspect fizic prea plăcut.

### Faţa

Toate cele cinci modalităţi senzoriale – văzul, mirosul, auzul, gustul şi pipăitul – au organele de simţ pe faţă sau în apropierea ei. Din ele numai pipăitul poate fi întâlnit pe toată suprafaţa corpului. Dar faţa nu este pur şi simplu un paravan pentru toate modalităţile senzoriale – este şi cea mai importantă sursă de semnale trimise în exterior prin mesaje verbale, prin trăsături ale vocii ca accentul şi intonaţia, şi prin miile de expresii care implică ochii, muşchii capului şi feţei. Unele expresii mimice ca reflexul de frică sunt în întregime involuntare; altele, ca zâmbetul, pot fi o expresie autentică a plăcerii sau o încercare deliberată de a crea impresia plăcerii autentice. Deoarece faţa se află parţial sub controlul conştient, este una dintre armele importante în încercările noastre zilnice de a ne induce în eroare sau păcăli unii pe alţii. În ciuda acestor lucruri, faţa rămâne principala sursă de informaţie despre stările noastre emoţionale; observându-ne faţa, ceilalţi pot spune dacă suntem fericiţi, trişti, furioşi, surprinşi sau speriaţi.

„Faţa exprimă semnalele dominanţei în două moduri. În primul rând, prin „atributele faciale" – de exemplu, dacă sprâncenele sunt mari sau mici, bărbia este pătrată sau rotundă sau dacă ochii sunt apropiaţi sau depărtaţi. A doua modalitate include „acţiunile faciale" – de exemplu, felul în care ochii se măresc sau se micşorează, felul în care sprâncenele se ridică sau se lasă în jos ori felul în care bărbia este împinsă în faţă sau trasă înapoi. Atributele faciale ale unei persoane tind să rămână neschimbate zeci de ani, uneori aproape toată viaţa. Acţiunile faciale, pe de altă

*Faţa*

parte, se pot schimba de la o secundă la alta. Unele atribute faciale sunt asociate cu dominanța. Oamenii cu bărbii pătrate sunt considerați mai dominanți decât cei care au o linie a mandibulei firavă și retrasă spre interior. Oamenii care au contururi proeminente ale orbitelor oculare superioare sunt de asemenea considerați ca dominanți, și la fel și cei care au buze subțiri. Caracteristicile fizionomiei joacă un rol major în modul în care suntem tratați de alți oameni"[34].

### Elemente componente ale feței

Cercetările experimentale de până acum au arătat că diferite elemente ale feței – fruntea, sprâncenele, ochii, nasul, gura, bărbia – luate separat și în combinație, influențează formarea impresiei despre celălalt.

### Fruntea

Dacă înălțimea frunții nu ne spune prea multe lucruri despre caracteristicile psihice ale persoanei – în ciuda stereotipului des întâlnit că fruntea dreaptă și înaltă este semnul inteligenței superioare, iar fruntea îngustă și teșită, semnul lipsei de inteligență și al pornirilor agresive –, cutele de pe frunte semnalează ceva. „Cutele lungi și verticale de deasupra rădăcinii nasului – numite și „cutele luptătorului" – sunt asociate cu voința, cu efortul de concentrare – se mai numesc și „cutele concentrației". Ele se conturează stabil după vârsta de 20 de ani. Cutele orizontale generate de contracția „mușchiului atenției" sunt asociate cu ridicarea sprâncenelor și deschiderea maximă a

---

[34] Peter Collett, *Cartea gesturilor,* traducerea Alexandra Borș, Editura Trei, București, 2005, p. 46–47.

pleoapelor. Ele pot exprima mirarea, frica sau înţelegerea bruscă a situaţiei. Depinde de împrejurările sociale concrete. Aşa-numitele „cute încreţite", apărute pe frunte la intersecţia cutelor verticale şi orizontale, semnifică mâhnire, năpăstuire, o neputinţă chinuitoare"[35].

### Sprâncenele

În ABC-ul cunoaşterii de sine, Clément Blin descrie nouă tipuri de sprâncene – abia conturate, arcuite, căzute, de faun, drepte, foarte depărtate, groase, oblice, unite – şi asociază fiecărui tip caracteristici psiho-morale – de exemplu, sprâncenele unite exprimă intransigenţă, idei fixe, blocaje afective; cele arcuite, receptivitate, afectivitate, subiectivitate. Reţinem totuşi că sprân-cenele arcuite şi abia conturate (mai degrabă combinaţia lor) reprezintă un semn de feminitate, iar sprâncenele groase, zbârlite, un semn al masculinităţii.

„Oamenii ale căror sprâncene sunt coborâte sau care îşi coboară linia sprâncenelor sunt priviţi ca dominanţi, în timp ce oamenii care au sprâncene ridicate sau care şi le ridică temporar sunt priviţi ca supuşi. Acesta este unul dintre motivele pentru care femeile îşi pensează sprâncenele – subţiindu-le şi ridicându-le, femeile creează un semnal semipermanent al sumisiunii care, pentru bărbaţi se presupune că este atrăgător. Limbajul sprân-cenelor ridicate şi coborâte este larg răspândit. Totuşi există părţi ale lumii, inclusiv Africa şi Asia, unde sprâncenele ridicate nu sunt interpretate ca un semnal de sumisivitate"[36].

---

[35] H. H. Rückle, 1978/1999, p. 125 prin Septimiu Chelcea, Loredana Ivan şi Adina Chelcea, *Comunicarea nonverbală: gesturile şi postura*, Editura Comunicare.ro, Bucureşti, 2005, p. 114.

[36] Peter Collett, *Cartea gesturilor*, traducerea Alexandra Borş, Editura Trei, Bucureşti, 2005, p. 47.

„La adulți, poziția sprâncenelor poate transmite mai multe mesaje în funcție de acțiunile ochilor. Există patru postúri de bază care implică mișcarea sprâncenelor și ochilor:

• *sprâncenele și ochii relaxați – înseamnă expresia feței în stare de odihnă;*

• *sprâncenele relaxate și ochii măriți – înseamnă expresia amenințătoare a furiei, incluzând uneori și coborârea sprâncenei;*

• *sprâncenele ridicate și ochii măriți – expresia facială asociată cu reacția prototipică la frică;*

• *sprâncenele ridicate și ochii relaxați – expresia facială a sumisiunii.”*[37]

Romanii foloseau termenul de „super cilium", tradus ad litteram prin „sprâncene ridicate", pentru a se referi la expresia facială în care sprâncenele sunt ridicate, iar ochii puțin închiși. Desigur, aceasta nu este o expresie de sumisivitate – este exact opusul ei, o expresie mândră sau arogantă, de superioritate. Faptul că acest gest și această expresie facială pentru sumisivitate au fost reținute și s-a făcut diferența cu alte expresii faciale în funcție de poziția ochilor în repaus sau ușor închiși arată cât de complexe pot fi expresiile faciale. Deși diferența dintre cele două expresii este o problemă de milimetri, nimeni nu confundă expresia facială a superiorității cu una de sumisivitate.

Când oamenii vor să demonstreze că nu reprezintă o amenințare, își ridică deseori sprâncenele. Această expresie îi face să pară atenți și impresionați. Când sprâncenele sunt ridicate și unite spre centrul feței, creează impresia de îngrijorare. Sprâncenele pot fi ridicate și fără să fie unite. Când sunt și ridicate și

---

[37] Ibidem, p. 73.

unite, rezultă o expresie hibrid care exprimă sumisiune şi îngrijorare.

## Ochii – „oglindă a sufletului"

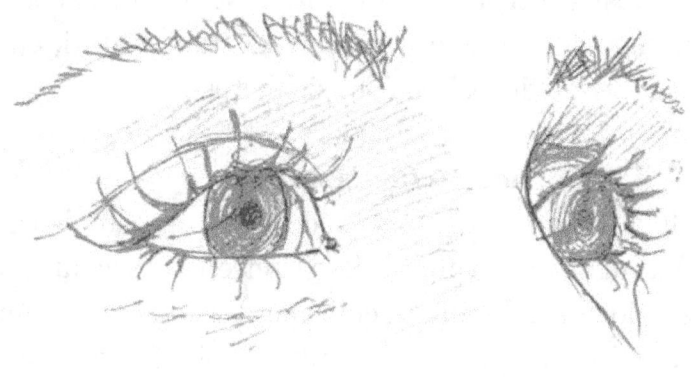

*Ochii oglinda sufletului*

„Faţa exprimă totul, iar faţa este dominată de ochi", observaţie ce i se atribuie filosofului şi omului politic roman Marcus Tullius Cicero. Sediul sufletului se află în ochi – credeau anticii. „Ochii larg deschişi sunt semn de stupiditate, cei prea fixaţi un semn de indolenţă, cei ce privesc prea acut sunt înclinaţi spre gâlceavă, prea vioaie şi grăitoare este privirea celor lipsiţi de ruşine"[38].

---

[38] Elias, Norbert, *Procesul civilizării. Cercetări sociogenetice şi psihogenetice,* vol. 1, Editura Polirom, Iaşi, 1939/2002, p. 97.

„Ochiul este un receptor deosebit de important, circa 80 la sută din impresiile senzoriale ale unui individ sunt înregistrate prin intermediul ochiului"[39]. Hipocrat (c. 460-375 î.e.n.) spunea că „ochii sunt oglinda sănătății".

„În legătură cu expresia ochilor, există aproximativ 270 de calificative stilistice apreciative. Am întâlnit cu toții ochi admirativi, afectuoși, ageri și chiar adoratori. Ne-am ferit și ocolim cu grijă ochii agresivi, aroganți, barbari, bestiali, crunți, cumpliți, dușmănoși, farisei, fioroși, furibunzi, ghețoși..."[40].

### Ochii în „procesul de curtare"

Rolul crucial pe care îl joacă ochii în procesul de curtare a fost recunoscut de mult timp. Scriind la începutul secolului al XVI-lea, Robert Burton a denumit ochii „naratorul secret, primul pas, poarta iubirii" sau „cei care dau semnalul" și „cârligul dragostei", subliniind că printr-o simplă privire, îndrăgostiții pot „înțelege dorința celuilalt înainte de a rosti măcar un cuvânt".

Psihologii au descoperit că, în momentul când două persoane se întâlnesc pentru prima dată, deseori trag o concluzie despre celălalt în câteva secunde și foarte frecvent înainte chiar ca omul din fața lor să apuce să spună un cuvânt. De aceea, aceste impresii „fulger" se bazează deseori pe informația vizuală.

„Rolul expresiv al ochilor este evident printr-un număr de semnale:

---

[39] H. H. Rückle, 1979/1999, p. 127 prin Septimiu Chelcea, *Comunicarea nonverbală în spațiul public. Studii, cercetări, aplicații,* Editura Tritonic, București, 2004, p. 148.

[40] Septimiu Chelcea, Loredana Ivan și Adina Chelcea, *Comunicarea nonverbală: gesturile și postura,* Editura Comunicare.ro, București, 2005, p. 120.

• *ochii măriţi*

Un mod de a deveni irezistibil pentru cineva este mărirea ochilor, ceea ce se observă mai ales la femei.

*Aplecarea capului*

• *aplecarea capului*

Când îşi priveşte iubitul, o femeie poate lăsa impresia că are ochii mari, lăsându-şi capul în jos. Se creează astfel un efect de reducere a dimensiunilor feţei, astfel încât bărbia pare mai mică, iar partea superioară a feţei, inclusiv ochii, pare mai mare.

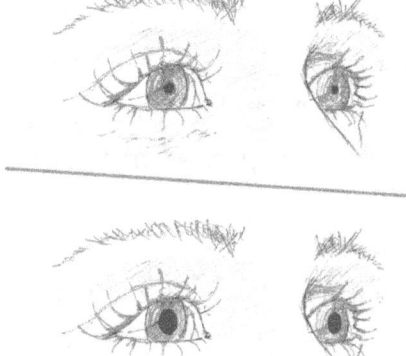

*Dilatarea pupilelor*

• *dilatarea pupilelor*

Când o persoană trăieşte o emoţie intensă – plăcută sau neplăcută – pupilele sale tind să se dilate. Cu toate acestea, oamenii nu îşi pot controla conştient dimensiunea pupilei.

• *privirea laterală*

Aceasta se obţine privind spre cineva în timp ce capul este întors în altă direcţie. Acest gest transmite două mesaje diferite – privind persoana în ochi, autorul comunică o dorinţă de apropiere, iar întorcând capul, o tendinţă de evitare.

*Privirea laterală*                    *Privirea misterioasă*

• *privirea misterioasă*

Această expresie se realizează coborând pleoapele şi ridicând uşor sprâncenele. Efectul este îngustarea ochilor, făcându-i să arate ca „ochii din dormitor", şi mărirea distanţei dintre ochi şi sprânceană, făcând persoana să pară sumisivă"[41].

## Ochii – indicatori ai minciunii

Privirea fiind destul de uşor de controlat, mincinoşii îşi folosesc ochii pentru a proiecta o imagine de sinceritate. Ştiind că în general se presupune că evitarea privirii este un semn de minciună – mulţi mincinoşi fac exact invers – ei măresc deliberat durata contactului vizual pentru a crea impresia că spun adevărul.

„Un alt aşa-zis semn al minciunii este clipitul rapid. Este adevărat că atunci când trăim o emoţie intensă sau când activi-

[41] Peter Collett, *Cartea gesturilor,* traducerea Alexandra Borş, Editura Trei, Bucureşti, 2005, p. 223–224.

tatea mentală se intensifică, ritmul clipirii suferă o accelerare corespunzătoare. Rata normală a clipitului este de aproximativ 20 de clipiri pe minut, dar aceasta poate deveni de 4-5 ori mai mare când suntem sub tensiune"[42].

### Ochii – indicatori ai supunerii

„Există mai mulți indicatori ai privirii asociați cu supunerea:

*Plecarea privirii – supunere*

• *plecarea privirii*

Oamenii își lasă deseori privirea în jos pentru a părea supuși, acțiune conștientă și deliberată, făcută cu intenția de a liniști o persoană dominantă. Plecarea privirii este folosită și ca un semnal de flirt.

• *pendularea*

Persoanele sumisive își mișcă de multe ori privirea de la un capăt la celălalt al câmpului vizual, deseori fără a-și mișca și capul, nu numai pentru a cuprinde tot ceea ce se întâmplă în jur ci și, instinctiv, pentru a căuta posibile căi de scăpare.

• *ochii măriți*

Aici, pleoapele sunt trase înapoi pentru a face ochii să pară mai mari, transmițând astfel o imagine de atenție inocentă"[43].

---

[42] Ibidem, p. 243.
[43] Peter Collett, *op. cit.*, p. 72.

Poeţii, prozatorii, dramaturgii, dar şi unii savanţi au acceptat fără rezerve că ochii reprezintă „oglinda trupului şi a sufletului". „Ochiul poate fi considerat atât o „fereastră spre lume", cât şi o „fereastră spre suflet", aşadar, spre procesele psihice"[44].

## Nasul

În afara nasului mic şi a nasului scurt, primul exprimând modestie, cel de-al doilea ambiţie, sunt amintite următoarele tipuri de nas: cârn, căzut, cocoşat, concav, convex, drept. Clément Blin stabileşte o corespondenţă directă între forma nasului şi anumite trăsături psihice: nasul căzut denota melancolie, persoanele cu nasul cârn sunt capricioase. Se acceptă cvasiunanim că modificarea circumferinţei nărilor semnalează o stare de excitaţie, că strâmbatul din nas – apariţia cutelor oblice pe laturile nasului – indică dezgust, neplăcere, perplexitate. În acest sens se şi spune despre o persoană greu de satisfăcut: „Cam strâmbă din nas!".

## Nasul – ca indicator al minciunii

Unul dintre gesturile care indică minciuna este şi „acoperirea gurii". Când apare, este o încercare de mascare a sursei, bazându-se pe presupunerea că dacă alte persoane nu le pot vedea gura, acestea nu vor şti de unde a pornit minciuna. Cu toate acestea, există şi un substitut pentru acoperirea gurii – atingerea nasului. Atingându-şi nasul, mincinosul trăieşte confortul momentan al acoperirii gurii fără riscul de a atrage atenţia asupra acţiunii sale. În acest rol, atingerea nasului funcţionează ca un substitut al atingerii gurii, este un indicator al ascunderii, o persoană îşi scarpină nasul în timp ce intenţia sa reală este de a-

---

[44] Birkenbihl, Vera F., *Semnalele corpului. Cum să înţelegem limbajul corpului*, Editura Gemma Press, Bucureşti, 1979/1999, p. 105.

*Nasul – indicator al minciunii*

și acoperi gura. Există o școală de gândire care afirmă că atingerea nasului este un semn de inducere în eroare separat, care nu are nicio legătură cu gura. Unul din promotorii acestei idei este Alan Hirsch, care a făcut împreună cu Charles Wolf o analiză amănunțită a mărturiei depuse de Bill Clinton în fața Curții Supreme în august 1998, când președintele a negat că ar fi avut contact sexual cu Monica Lewinsky. Ei au observat că atunci când Clinton spunea adevărul, nu își atingea nasul aproape deloc, dar când a mințit în legătură cu relația sa cu Monica și-a atins nasul aproximativ o dată la patru minute. Hirsch a numit acest gest „sindromul Pinocchio" după faimosul personaj căruia îi creștea nasul ori de câte ori mințea. Hirsch a sugerat că atunci când oamenii mint, fluxul sanguin la nivelul nasului crește foarte mult, creând o senzație neplăcută care este atenuată de atingerea sau frecarea nasului.

Există cel puțin două argumente împotriva sindromului Pinocchio. Primul: atingerea nasului poate fi pur și simplu un simptom al anxietății și nu al inducerii în eroare. Al doilea: când oamenii mint sunt deseori îngrijorați de posibilitatea de a fi descoperiți, aceste elemente fiind asociate cu paloarea feței, altfel spus, cu vasoconstricția și nu cu vasodilatația. În final este posibil ca atingerea nasului să nu aibă nicio legătură cu anxietatea sau cu inducerea în eroare, ci să fie o formă inconștientă de respingere.

Ray Birdwhistell considera că atunci când o persoană își freacă nasul în prezența alteia își exprimă respingerea față de interlocutor. După părerea lui, „frecarea nasului la americani este un semn de respingere la fel de puternic ca și cuvântul «Nu!»". În această interpretare, gestul lui Bill Clinton ar putea fi socotit ca profundă respingere pentru cei care îl audiau și nu ca un indiciu al faptului că mințea.

### Gura

Se apreciază că gura este „centrul bucuriei și al durerii".

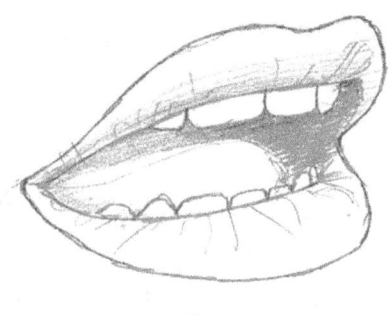 Luându-se în calcul și buzele (subțiri sau cărnoase, ieșite în afară ambele sau doar una dintre ele), se vorbește despre gură cărnoasă și sinuoasă, cu buza inferioară protuberantă, cu buza superioară protuberantă, cu comisurile căzute, cu comisurile ridicate, încleștată, mare, mică, proeminentă, subțire și

*Gura*

rectilinie. Și în legătură cu forma și mărimea gurii s-au construit stereotipuri. Conform acestor stereotipuri, gura proeminentă, cu ambele buze groase și ieșite în afară ar trăda dorințele instinctuale ale persoanei, gura cărnoasă și sinuoasă ar fi proprie persoanelor sentimentale, iar cea subțire și rectilinie ar exprima cerebralitate.

Spre deosebire de forma ei, mișcarea gurii transmite, conștient sau inconștient, semnale care pot fi decodificate destul de ușor. Psihologul Ernest Korff a stabilit că mișcarea scurtă și nervoasă și tremurăturile mușchiului gurii indică o nervozitate accentuată, constituie un semnal de alarmă. Gura deschisă poate marca intenția de a vorbi, dar și mirarea, imposibilitatea de a înțelege ceva. Gura închisă în mod voit exprimă dorința de a întrerupe schimbul de replici. Când spunem „i-am închis gura" înseamnă că l-am lăsat fără replică pe interlocutor, că l-am adus în starea de a se retrage de la discuții. „Gura legată" (închisă, cu buzele strânse) arată închiderea în sine.

Mărimea maxilarului semnalează dominanța, din două motive: în primul rând pentru că dinții sunt o armă primitivă și foarte eficientă, și în al doilea rând pentru că dezvoltarea unui maxilar puternic este susținută de testosteron care, la rândul său este legat de dominanță și agresiune.

„Se presupune că oamenii cu maxilare mari sunt dominanți în timp ce despre cei care au maxilare mici se presupune că sunt sumisivi. Din acest motiv este util să ai un maxilar mare dacă vrei să avansezi mai repede sau dacă vrei să ai o carieră de succes în armată. Dacă maxilarul dumneavoastră nu este suficient de proeminent, puteți recurge oricând la chirurgia plastică pentru a-l mări. Sau vă puteți face un obicei din a scoate maxilarul în afară. Gestul de scoatere a maxilarului în afară, care implică o ridicare ușoară a capului sau împingerea dinților de jos peste cei de sus, este un gest comun de provocare și este foarte folosit de copii în confruntările lor"[45].

„Când oamenii se simt anxioși, intră în joc mai multe reflexe asociate cu gura:

• *uscarea gurii*

Unul dintre primele semne ale unei stări de anxietate este uscarea gurii, determinată de o încetare temporară a activității glandelor salivare. Există și indicii vizuale și auditive care

---

[45] Peter Collett, *Cartea gesturilor,* traducerea Alexandra Borș, Editura Trei, București, 2005, p. 47–48.

subliniază că o persoană are gura uscată – ea arată de parcă ar mesteca rumeguș, iar vocea îi sună uscat și mecanic.

• *tusea*

Când oamenii devin anxioși, simt deseori un fel de mâncărime în gât, ceea ce îi face să tușească, uneori într-o manieră incontrolabilă. Senzația unui exces de salivă în gât duce și ea la un acces de tuse.

• *reflexul de înghițire*

Când suntem cuprinși de anxietate, cei mai mulți dintre noi simțim o nevoie copleșitoare de a ne elibera gâtul, înghițind. Femeile pot de obicei face acest lucru fără să se observe, dar

*Tusea*

pentru că bărbații au mărul lui Adam mai mare, tind să aibă mai multe dificultăți în ascunderea acestui tip de impuls nervos de a înghiți.

• *mușcarea buzelor*

După afirmațiile lui Charles Bell, faimosul anatomist din epoca victoriană, dintre toate trăsăturile feței, buzele sunt „cele mai înclinate spre acțiune și indicatorul cel mai clar al sentimentelor". Există mai multe moduri de mușcare a

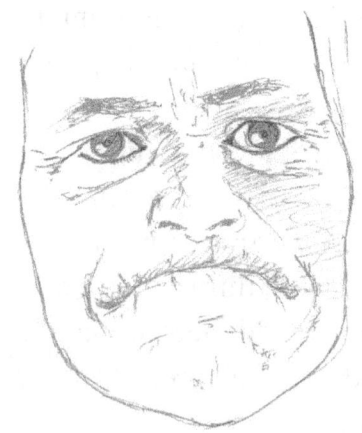

*Mușcarea buzelor I*

buzelor asociate cu anxietatea. În primul rând este mușcarea buzei, când fie buza superioară, fie cea inferioară este prinsă între cele două șiruri de dinți, ceea ce indică autocontrolul, dar poate și anxietate sau jenă. Apoi, mușcarea ambelor buze, când buza de sus și buza de jos sunt trase înăuntru și ținute strâns între dinți.

*Mușcarea buzelor II*

• *roaderea unghiilor*

Persoanele care își rod de obicei unghiile tind să obțină scoruri mici la testele psiho-

logice de autoapreciere și scoruri mari la cele de anxietate. De asemenea, s-a sugerat că rosul unghiilor este un semn de ostilitate inhibată, că persoana care își roade unghiile întoarce agresiunea asupra ei în loc să o îndrepte în afară, asupra altor persoane.

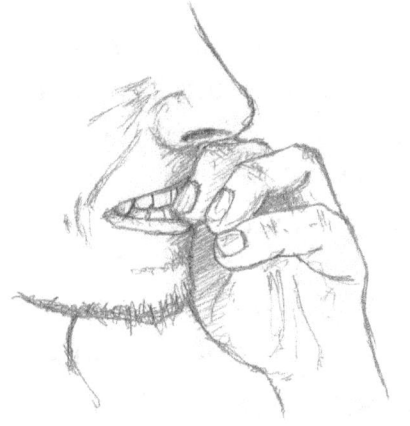

*Roaderea unghiilor*

• *băgarea unui obiect în gură*

*Băgarea unui obiect în gură I*     *Băgarea unui obiect în gură II*

Când oamenii se simt speriați, deseori simt dorința de a avea ceva în gură. Este un mod de a reveni la experiența de supt la sân și, după aceea, la suptul degetului mare. Cele mai frecvente forme de liniștire pe cale orală în societatea noastră sunt fumatul și mestecatul gumei"[46].

### Limba

Când copiii sau adulții sunt absorbiți de o sarcină, deseori scot limba printre dinți. „Arătarea limbii", cum este numită este asociată cu efortul și concentrarea. S-a avansat și ipoteza că acest gest poate funcționa ca un semnal inconștient de respingere – cu

---

[46] Peter Collett, *op. cit.*, p. 200–201.

*Limba*

alte cuvinte, oamenii scot vârful limbii pentru a arăta altora că nu doresc să fie abordați.

„Când oamenii se simt rușinați, de multe ori scot repede vârful limbii afară. Acest gest este total diferit de arătarea limbii, pentru că limba poate fi arătată timp de mai multe minute, dar această mișcare fulgerătoare cu vârful limbii nu durează de obicei mai mult de o secundă – limba pur și simplu iese fugitiv din gură și apoi intră la loc. Dacă arătarea limbii este asociată cu concentrarea mentală și cu inaccesibilitatea, expunerea fugitivă a vârfului limbii este un indicator al jenei. Când o persoană este tachinată sau simte că a fost prinsă cu greșeala, frecvent își arată vârful limbii, uneori chiar zâmbind. Este foarte posibil ca acest gest rapid să aibă rolul de a-i ține pe ceilalți la distanță"[47].

### Bărbia

Asemenea semnalelor urechilor, ale obrajilor sau ale nasului, posibilitățile mimice ale bărbiei sunt limitate și, pentru cei mai buni observatori, sunt aproape imperceptibile, mai ales când se privește o figură frontal, și nu din profil. „În principiu se poate spune: la încercarea de a se impune energic, se împinge bărbia înainte; în timp ce la resemnarea pasivă, bărbia se trage mai curând înapoi"[48].

*Bărbia*

### Zâmbetul și râsul

Felul în care își zâmbesc oamenii poate oferi indicii despre raporturile de putere care există între ei. Darwin a observat că zâmbetul și râsul apar de multe ori împreună. El a tras de aici concluzia că acestea au aceleași origini și că zâmbetul este numai o formă atenuată a râsului. Această idee pare foarte convingătoare,

---

[47] Peter Collett, *Cartea gesturilor,* traducerea Alexandra Borș, Editura Trei, București, 2005, p. 82.

[48] Birkenbihl, Vera F., *Semnalele corpului. Cum să înțelegem limbajul corpului,* Editura Gemma Press, București, 1979/1999, p. 124–125.

mai ales când ne gândim cât de uşor este să trecem de la zâmbet la râs şi cât de aproape este fericirea de amuzament.

Charles Darwin aprecia că „râsul pare să constituie, în primul rând, expresia simplei bucurii sau fericiri". Cât priveşte caracterul înnăscut al râsului şi surâsului – zâmbetului, Darwin aducea în discuţie cazul Laurei Bridgman, „care, din cauza orbirii şi a surzeniei, nu a putut dobândi vreo expresie prin imitare, totuşi, atunci când i s-a comunicat prin limbajul gesturilor o scrisoare de la un prieten iubit a râs şi a bătut din palme, iar obrajii i s-au îmbujorat".

Motivele pentru care omul râde sunt variate, dar mecanismul râsului este totdeauna acelaşi: inspiraţie adâncă, scurte contracţii spasmodice ale toracelui, în special ale diafragmei. De aici şi vorba: „Râdeau de se ţineau cu mâinile de burtă". „În timpul râsului, gura este mai mult sau mai puţin larg deschisă, cu colţurile mult trase înapoi, precum şi puţin în sus, iar buza superioară este puţin ridicată" – observă Charles Darwin.

Am subliniat că, uneori, râdem din tot corpul – deşi se spune „râdem din tot sufletul". Râdem de „ne doare burta" sau „ne tăvălim pe jos de râs". În fond este vorba despre contracţiile musculare şi despre stimularea secreţiei unor endorfine, fapt ce menţine sau amplifică veselia. Pe astfel de date, probate ştiinţific, se bazează terapia prin râs şi, până la un punct, concursurile „Cine râde mai mult".

Normele referitoare la râs variază de la o cultură la alta şi de la o epocă la alta, dar totdeauna râsul funcţionează ca un „gardian al ordinii publice".

Paul Ekman a catalogat 18 tipuri de zâmbete care nu sunt simulate. Zâmbetele „naturale" se deosebesc de cele false, „artificiale", prin aceea că durează mai mult şi că în performarea lor

participă atât muşchii feţei, cât şi cei ai ochilor. În cazul zâm-
betelor false se contractă doar muşchii din jurul ochilor, apărând
la coada ochilor riduri „laba gâştii", nu şi muşchii feţei.

Horst H. Rückle analizează „opt tipuri de zâmbete:
• *zâmbetul voit, fabricat, chinuit*

*Zâmbetul fabricat*

*Zâmbetul dulceag*

*Zâmbetul „pe sub mustaţă"*

*Zâmbetul depreciativ*

Colţurile gurii drepte, buzele drepte şi lipite. Apare şi dispare repede; poate exprima jena.

• *zâmbetul dulceag*

Întinderea şi subţierea buzelor; însoţeşte universalul „da".

• *zâmbetul „pe sub mustaţă"*

Buzele tensionate şi lipite; exprimă voinţă, dar şi reţinere.

• *zâmbetul depreciativ*

Colţurile gurii sunt retrase puţin în jos; este afişat de persoanele blazate, ironice şi poate exprima acordul şi dezacordul, în acelaşi timp.

*Zâmbetul relaxat*                    *Zâmbetul strâmb*

• *zâmbetul relaxat*

Lipsit de tensiune, exprimă bucuria, dragostea, preţuirea celuilalt.

• *zâmbetul strâmb*

Un colţ al gurii este tras în jos şi celălalt în sus; exprimă o amabilitate forţată, un conflict intern; este „zâmbetul subalternului" nevoit să asculte o glumă „bătrână" a şefului.

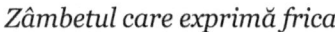

*Zâmbetul care exprimă frica*  *Zâmbetul resemnat*

• *zâmbetul care exprimă frica*

Buzele sunt trase lateral, iar gura este puţin întredeschisă; colţurile gurii sunt trase spre urechi.

• *zâmbetul condescendent, resemnat*

Răsfrângerea înainte a buzei inferioare; adesea este însoţit de înclinarea capului spre dreapta şi/sau prin ridicarea şi tremuratul umerilor".[49]

S-a mai constatat, că femeile zâmbesc mai mult decât bărbaţii. Este, fără îndoială, un rezultat al socializării. L.R. Brody a constatat că fetiţele sunt încurajate să exprime emoţiile pozitive, băieţii, pe cele negative. Apoi, prin profesiile practicate – vânză-toare, educatoare, stewardese, coafeze, asistente medicale –, chiar li se impune femeilor să zâmbească. Este bine cunoscut zâmbetul profesional al prezentatoarelor TV. Pentru femei, zâmbetul este

---

[49] Horst H. Rückle, *Limbajul corpului pentru manageri*, 1979/1999, p. 151-154.

un fenomen interacţional, în timp ce pentru bărbaţi este o expresie emoţională.

### Zâmbetul – indicator al dominanţei

Există şi momente în care indivizii dominanţi trebuie să zâmbească. În aceste situaţii, ei se supun, oferind deseori un „zâmbet cu gura închisă", în care buzele rămân împreună în loc de un „zâmbet cu toată gura", în care buzele se deschid şi se văd dinţii. „Există două tipuri de zâmbete cu gura închisă favorizate de indivizii dominanţi:

• *zâmbetul sigilat*

Aici, buzele rămân împreună, în timp ce colţurile gurii se distanţează. Rezultatul este o linie lungă care traversează faţa şi o puternică senzaţie că nimeni nu poate şti ce se petrece în mintea persoanei ale cărei buze rămân sigilate. Zâmbetul sigilat este favoritul oamenilor de afaceri foarte bogaţi şi al politicienilor de nivel înalt – îl veţi întâlni deseori în fotografiile de directori, în broşurile corporaţiilor.

*Zâmbetul sigilat*           *Zâmbetul apăsat*

• *zâmbetul apăsat*

Aici, muşchii din jurul gurii sunt tensionaţi pentru a arăta că zâmbetul este reţinut. În această privinţă este un zâmbet mascat, unde intenţia nu este de a ascunde zâmbetul, ci de a sublinia tocmai încercarea nereuşită de ascundere. Zâmbetul apăsat sugerează că persoana simte un puternic impuls de a zâmbi, dar că a izbutit să îl ţină sub control. Deseori, acest aspect de control formează principalul mesaj al acestui zâmbet"[50].

## Zâmbetul – indicator al anxietăţii

Anxietatea se vede pe faţă. „Un zâmbet speriat este total diferit de unul autentic, pentru că lipseşte contracţia muşchilor orbicularis oculi care înconjoară ochiul şi ridurile laba gâştei care apar lângă ochi, semnele distinctive ale unui zâmbet autentic. Ca şi alte zâmbete false, zâmbetele anxioase tind să apară brusc, să dureze mai mult decât ne-am aştepta să dureze un zâmbet, pentru a dispărea la fel de brusc. Zâmbetele anxioase sunt trădate şi de activitatea musculară neobişnuită din regiunea gurii. Într-un zâmbet autentic, colţurile gurii sunt trase în sus de muşchii zygomatici majori, în timp ce într-un zâmbet anxios colţurile gurii se pot deplasa lateral sau chiar în jos"[51].

Suntem înclinaţi să considerăm râsul o expresie a fericirii şi amuzamentului, dar acesta poate fi şi un semn de anxietate.

---

[50] Peter Collett, *Cartea gesturilor,* traducerea Alexandra Borş, Editura Trei, Bucureşti, 2005, p. 49–50.

[51] Ibidem, p. 197.

### Zâmbetul – indicator al minciunii

Dintre toate expresiile faciale, zâmbetul este cel mai uşor de produs. În acelaşi timp este şi dezarmant pentru că îi trezeşte interlocutorului sentimente pozitive şi reduce suspiciunile.

Dar ceea ce recomandă zâmbetul ca armă este faptul că majoritatea oamenilor nu reuşeşte foarte bine să facă diferenţa între un zâmbet autentic şi unul fals şi tinde să ia zâmbetul de bun.

Dacă întrebaţi o persoană cum se poate identifica un individ care minte, răspunsul cel mai frecvent este prin zâmbet. Vă vor spune că atunci când o persoană minte, este foarte probabil ca ea să folosească zâmbetul pentru a-şi masca adevăratele sentimente. Totuşi, cercetările despre minciună arată că lucrurile stau invers – persoanele care mint zâmbesc mult mai puţin decât cele care spun adevărul. Se pare că mincinoşii de ocazie adoptă un comportament diametral opus celui pe care ne-am aştepta să-l aibă persoanele care mint. Dar nu înseamnă că mincinoşii au abandonat total zâmbetul – ci pur şi simplu că ei zâmbesc mai puţin decât persoanele care spun adevărul. „Când o persoană care simulează produce un zâmbet, deseori acesta o dă de gol pentru că este unul artificial. Un zâmbet contrafăcut are mai multe caracteristici identificabile:

• *durata*

Zâmbetele contrafăcute durează mult mai mult decât cele sincere, spontane.

• *montajul*

Zâmbetele contrafăcute sunt „asamblate" mult mai repede decât cele autentice şi sunt descompuse tot atât de repede.

• *localizarea*

Zâmbetele contrafăcute tind să se reducă la jumătatea inferioară a feţei, în timp ce în zâmbetele autentice sunt solicitaţi muşchii care ridică colţurile gurii şi cei din jurul ochilor, care trag uşor sprâncenele în jos. Zâmbetele contrafăcute sunt controlate de alte părţi ale creierului faţă de cele autentice – zâmbetele contrafăcute sunt produse de nişte centri voluntari, în timp ce zâmbetele autentice sunt produse involuntar.

• *simetria*

Zâmbetele autentice apar pe ambele părţi ale feţei, în timp ce zâmbetele contrafăcute sunt deseori mai accentuate pe o jumătate de faţă (de obicei, în jumătatea dreaptă), deoarece căile de conducere a expresiilor faciale voluntare şi involuntare sunt diferite. Dacă vedeţi un zâmbet simetric, acesta poate fi autentic sau fals, dar dacă vedeţi unul care apare numai pe jumătate de faţă, acesta este foarte probabil fals.

Deşi zâmbetele simetrice şi cele asimetrice sunt foarte diferite, oamenii tind să reacţioneze la ultimele ca şi cum ar fi adevărate. Acesta este motivul pentru care ne preocupă atât de puţin autenticitatea zâmbetului — dacă oamenii ne zâmbesc, nu ne mai interesează ce fel de zâmbet ne oferă"[52].

## Căscatul

Toată lumea ştie două lucruri despre căscat – că scopul lui este să mărească aportul de oxigen şi că este foarte contagios. Primul lucru este fals, susţin cercetătorii, nu există nicio dovadă care să ateste că se măreşte într-adevăr aportul de oxigen, dar al doilea este adevărat. De ce este atât de contagios căscatul rămâne încă un mister, deşi se ştie că oamenii cască atunci când văd pe

---

[52] Peter Collett, *op. cit.*, p. 249–250.

altcineva căscând, când aud pe altcineva căscând, când citesc despre căscat și chiar și atunci când se gândesc la căscat.

„Cei mai mulți dintre noi cred că este un semn de plictiseală. De fapt, există patru feluri de a căsca:

• *căscatul de plictiseală*

Acesta este declanșat de sarcini monotone, inactivitate, oboseală și plictiseală. Dacă observați o persoană care execută o sarcină repetitivă sau care așteaptă la o coadă lungă, veți observa că de multe ori cască. Căscatul de plictiseală este cea mai frecventă formă de căscat.

*Căscatul de plictiseală*  *Căscatul tranzitoriu*

• *căscatul tranzitoriu*

Acesta apare atunci când oamenii trec de la o activitate la alta – de exemplu, când se dau jos din pat și încep să se pregătească dimineața sau când se pregătesc să se bage în pat seara. Căscatul apare și după executarea unui ritual social – de exemplu, imediat după ce ne-am luat rămas-bun de la un prieten apropiat. Căscatul poate fi considerat și ca un indicator al activității – cu alte cuvinte, când vedeți o persoană singură, citind o carte și începând să caște, știți că există o probabilitate destul de mare ca ea să se apuce de altceva.

• *căscatul pentru detensionare*

Căscatul în situații de tensiune apare în momentele când oamenii sunt tensionați, de obicei când o persoană dominantă este în apropiere și se simt încurcați sau stânjeniți. Ori de câte ori cineva trăiește o stare de anxietate este înclinat să caște, acest lucru s-a observat chiar și la sportivii olimpici care așteaptă să se dea startul și la parașutiștii care așteaptă să sară din avion. Aceste căscaturi sunt reacții la stres. Sunt exemple de activitate de transfer pentru că ajută la deplasarea anxietății într-o altă stare.

• *căscatul amenințător*

Atât în societățile umane, cât și în cele animale, indivizii dominanți cască uneori amenințător. Căscatul este întâlnit la o gamă largă de specii, inclusiv la pești, păsări, reptile și simieni. Dacă ar exista o olimpiadă a căscatului, babuinii ar fi campioni indiscutabili. Dacă primatele cască de obicei aproximativ de 10 ori pe zi, babuinii cască de 10-12 ori pe oră! Asta nu pentru că sunt obosiți sau plictisiți; ci pentru că viața într-o societate de babuini este plină de amenințări"[53].

Dacă suntem atenți la persoanele dominante, vom descoperi că deseori se cască în momentele în care simt nevoia să se afirme – de exemplu, când se simt amenințați și au senzația că cineva încearcă să le ia locul. Acest lucru sugerează că la oameni, căscatul amenințător este un vestigiu comportamental — cu alte cuvinte, un indicator rămas din trecutul nostru evolutiv, când

[53] Peter Collett, *Cartea gesturilor,* traducerea Alexandra Borș, Editura Trei, București, 2005, p. 50–51.

strămoşii noştri aveau canini mari şi îi foloseau pentru a se amenința unii pe alţii.

### Înroşirea feţei

Pentru Charles Darwin, înroşirea feţei şi nu râsul era elementul care îl diferenția pe om de celelalte animale. Opiniile lui Darwin despre înroşirea feţei erau conforme cu atitudinile care se formaseră cu un secol în urmă şi mai persistau încă şi în epoca victoriană. În secolul al XVIII-lea, englezii au avansat ideea că înroşirea feţei şi ruşinea sunt semnele exterioare ale sensibilităţii unei persoane. Ei au gândit în felul următor: o persoană poate să se simtă ruşinată numai dacă este capabilă să aibă sentimentul de ruşine, dar este incapabilă să îl ascundă.

Charles Darwin este de părere că înroşirea feţei reprezintă mult mai mult decât capacitatea de a se gândi la propria persoană: „nu simplul act de a reflecta la propria înfăţişare, ci gândul la ce ar putea gândi alţii despre noi ne determină să roşim".

Jena, conştientizarea propriilor trăiri şi îngrijorarea pentru opinia celorlalţi par să fie esenţiale în înroşirea feţei. De multe ori roşim când ştim că am făcut un lucru rău sau când am încălcat aşteptările altora faţă de noi, dar roşim şi când atragem atenţia altora asupra noastră făcând un lucru pozitiv.

„Înroşirea implică activarea sistemului nervos vegetativ, şi reacţia ia forma unui aport crescut de sânge la nivelul obrajilor şi uneori chiar şi la nivelul gâtului şi pieptului. Cum anume funcţionează înroşirea este încă un mister, deşi, multe informaţii atestă că este asociată cu o atenţie neaşteptată şi nedorită din partea altora. Indivizii cei mai predispuşi la înroşire sunt cei care îşi fac cele mai multe griji pentru felul în care sunt văzuţi de ceilalţi și care sunt cei mai dornici să se comporte corect și să nu facă un lucru greșit.

Înroșirea este o parte integrală a sentimentului de jenă și este deseori însoțită de alte semne ale rușinii, ca perturbările discursului verbal și zâmbetele cu jumătate de gură sau coborârea privirii în pământ, atingerea feței sau apariția fugitivă a limbii. În acest sens, înroșirea funcționează mai mult ca o formă de liniștire, arătând altora disconfortul și regretul nostru"[54].

Totuși, spre deosebire de alte forme de liniștire, înroșirea este în întregime în afara controlului nostru voluntar – nu putem roși deliberat și nu putem elimina roșeața dacă aceasta a început să se instaleze.

### b. Gesturile

„Un gest este o acțiune care-ți spune multe despre ceea ce gândește cineva – chiar dacă persoana însăși nu este conștientă de acest lucru. Gesturile sunt extrem de edificatoare..."[55].

„Limbajul gesturilor constituie un ansamblu mai mult sau mai puțin organizat de semne vizuale. În sens larg se înțelege prin gest orice mișcare corporală, involuntară sau voluntară, purtă-toare a unei semnificații de natură comunicativă sau afectivă.

Dar gesturile nu sunt o dublare a vorbirii, ci un mijloc auxi-liar de subliniere, de evidențiere a ideilor, de nuanțare și precizare a lor, atât în comunicarea zilnică, cât și în unele situații speciale (oratorie, teatru)."[56]

---

[54] Peter Collett, *op. cit.*, p. 79–80.

[55] Ibidem, p. 1.

[56] Wald Lucia, *Sisteme de comunicare umană*, Editura Științifică, București, 1973, p. 128–129.

Comunicarea nonverbală oferă o modalitate eficientă de satisfacere a nevoii oamenilor de a transmite celorlalți informații și emoții. „Rapiditatea transmiterii mesajelor nonverbale echivalează cu calculabilitatea: consumăm mai puțin timp dacă facem semnul victoriei (V) decât dacă spunem „Am învins". Standardizarea semnelor și semnalelor, cristalizarea codurilor și sistematizarea canalelor de comunicare nonverbală sunt subsumate previzibilității: în anumite limite, știm dinainte că o persoană satisfăcută va zâmbi, iar una furioasă se va încrunta."[57]

### Câteva gesturi de bază și originea lor

Majoritatea gesturilor de bază ale comunicării sunt aceleași în întreaga lume. Când oamenii sunt fericiți zâmbesc, când sunt triști sau supărați se încruntă sau devin posaci.

Originea evolutivă a unor gesturi poate fi urmărită până în trecutul nostru animal, primitiv. Scrâșnetul dinților provine din actul atacului și este folosit și astăzi de omul modern, sub forma rânjetului sau a altor manifestări ostile, chiar dacă acesta nu mai atacă folosind dinții. Zâmbetul a fost inițial un semn de avertizare, în timp ce astăzi este asociat unor gesturi de exprimare a bucuriei.

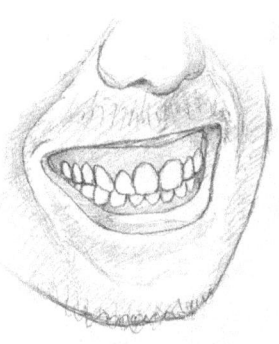

*Scrâșnetul dinților*

„Tot așa cum limbajul verbal diferă de la o cultură la alta,

---

[57] Septimiu Chelcea, *Comunicarea nonverbală în spațiul public. Studii, cercetări, aplicații*, Editura Tritonic, București, 2004, p. 17.

şi limbajul nonverbal poate fi diferit în diferite culturi. În timp ce un gest poate fi răspândit într-o cultură dată însoţit de o interpretare clară, într-o altă cultură acelaşi gest poate fi lipsit de sens sau poate avea un înţeles total opus"[58].

Să analizăm interpretările culturale şi implicaţiile a trei gesturi manuale larg răspândite: gestul „inel", gestul degetului mare şi gestul semnului „V".

### Gestul „inel" sau „OK"

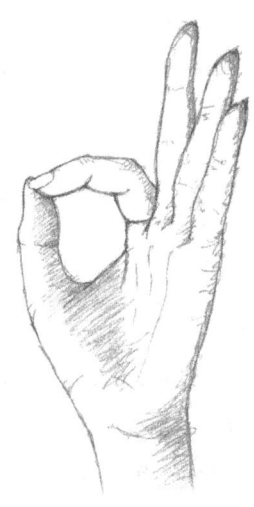

Acest gest a fost popularizat în S.U.A., la începutul secolului al XIX-lea, probabil de ziarele care în acea vreme au făcut o modă din a utiliza iniţiale pentru prescurtarea frazelor uzuale. „Există multe păreri diferite privind semnificaţia iniţialelor „O.K.": după unii, ele înlocuiesc expresia „all correct" – totul este în ordine; după alţii, ele ar marca opusul lui „knock-out", adică K.O."[59] Menţionăm şi o altă teorie care susţine că aceste iniţiale sunt abreviaţia locului de naştere „Old Kinderhook" al unui preşedinte american din secolul al XIX-lea, care a utilizat aceste iniţiale ca slogan în campania sa electorală.

*Gestul inel*

Nu vom afla probabil niciodată care dintre aceste explicaţii este corectă, dar cert este că „inelul" reprezintă litera „O" în

---

[58] Allan Pease, *Limbajul trupului,* Ed. Polimark, Bucureşti, 2002, p. 17.
[59] Ibidem p. 18.

semnul „O.K.". Sensul lui „O.K" este identic în toate ţările vorbitoare de limba engleză, şi, deşi acest sens s-a răspândit în întreaga Europă şi Asia, în anumite locuri originea şi sensul gestului sunt diferite. În Franţa, gestul „inelului" semnifică „zero" sau „nimic"; în Japonia poate însemna „bani".

Allan Pease ne recomandă o regulă pentru cei care călătoresc în străinătate „regula cea mai sigură este să se supună principiului: când te afli la Roma, comportă-te aşa cum se comportă cei din Roma. În felul acesta vom putea evita posibile situaţii neplăcute."[60]

### Gestul degetului mare ridicat

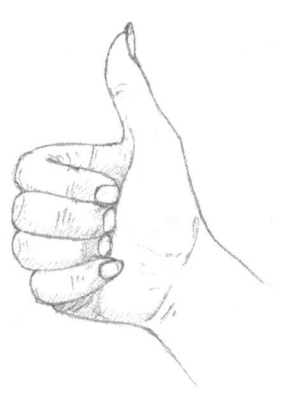

*Gestul degetului mare ridicat*

În Marea Britanie, Australia şi Noua Zeelandă, gestul degetului mare ridicat are trei înţelesuri: îl folosesc, de obicei, autostopiştii când doresc să fie primiţi într-un vehicul; este un semn de „O.K."; iar atunci când degetul mare se ridică brusc, el devine un semn de insultă, având un sens obscen.

În unele ţări, cum este Grecia, acest gest înseamnă ceva trivial. Când un italian numără de la unu la cinci, el foloseşte acest gest pentru „unu", iar degetul arătător va fi „doi"; în timp ce majoritatea australienilor, americanilor şi englezilor indică numărul „unu" cu degetul arătător, mijlociul va fi numărul „doi", iar degetul mare numărul „cinci".

---

[60] Allan Pease, *op. cit.*, p. 19.

### Semnul „V"

Acest semn este răspândit în întreaga Australie, Noua Zeelandă și Marea Britanie și semnifică ceva trivial. „Winston Churchill l-a popularizat ca semn al victoriei în timpul celui de-al Doilea Război Mondial, numai că, în versiunea sa, palma arată spre înafară; pe când palma întoarsă spre vorbitor reprezintă varianta obscenă, insultătoare." Acest semnal înseamnă și numărul „doi" în multe locuri din Europa.[61]

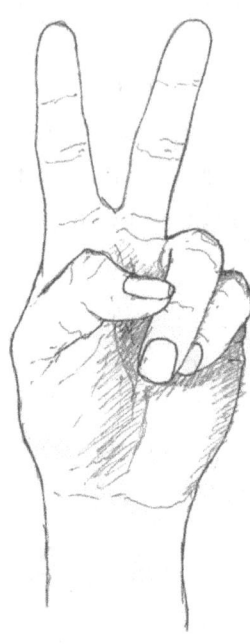

*Semnul „V"*

Aceste exemple arată că interpretarea greșită a gesturilor poate provoca consecințe neplăcute și că întotdeauna trebuie luat în considerație mediul cultural al oamenilor înainte de a trage concluzii pripite din limbajul gesturilor sau al trupului.

### Semnificația gesturilor
◊ *Gesturi realizate cu capul*

Charles Darwin a observat că atunci când oamenii se simt sumisivi, au tendința naturală de a lăsa capul în jos, dând impresia că sunt mai mici și mai puțin amenințători. Darwin a sugerat și că obiceiul de a da din cap pentru a spune „da" este legat de coborârea sumisivă a capului. Din nefericire pentru această teorie, nu în toate societățile afirmația este exprimată prin mișcarea

---

[61] Allan Pease, *Limbajul trupului*, Ed. Polimark, București, 2002, p. 20.

capului pe verticală de sus în jos. În India, de exemplu, oamenii își duc capul de la un umăr la celălalt pentru a „spune da" sau a indica acordul. Deși există diferențe culturale în mișcările capului folosite de oameni pentru a exprima „da" și „nu", obiceiul de a coborî capul ca semn de supunere pare să fie universal.

De fapt, capul este folosit pentru a exprima supunerea în mai multe feluri:

• *aplecarea capului*

Când oamenii trec pe lângă doi cunoscuți care poartă o conversație, veți observa deseori că își apleacă scurt capul pentru a se asigura că nu deranjează și a se scuza pentru orice neplăceri ar fi putut crea. Unii oameni fac acest gest involuntar când se apropie de o persoană importantă, mai ales când persoana este necunoscută lor sau când ea participă la o conversație cu o altă persoană.

• *datul din cap*

Și datul din cap este o parte integrală a conversației. De multe ori vedem oameni care preiau rolul ascultătorului și dau încet din cap, în timp ce partenerul vorbește. Fac acest lucru atât pentru a arăta că ascultă, cât și pentru a semnala că nu doresc să preia rolul vorbitorului. Când acest gest este făcut rapid, ascultătorul arată că înțelege ce spune vorbitorul, dar, deoarece conține o nuanță de grabă, arată fie că ascultătorul îl susține pe vorbitor din toată inima, fie că ascultătorul vrea să preia rolul vorbitorului.

• *înclinarea capului*

După cum am văzut, persoanele sumisive își lasă deseori capul în jos sau îl întorc într-o parte. Înclinarea capului este folosită pentru a liniști, deoarece expune gâtul, care este o parte vulnerabilă a corpului și pentru că face persoana să pară mai mică și deci mai puțin amenințătoare.

◇ *Ridicatul din umeri*

Ridicatul din umeri este în planul gesturilor eschivarea prin

excelenţă. Ridicatul din umeri poate fi realizat în mai multe feluri, în funcţie de modul în care se combină diferitele sale componente – înălţarea umerilor, ridicarea braţelor, arătarea palmelor, ridicarea sprâncenelor şi întoarcerea capului. Felul în care oamenii combină aceste elemente depinde foarte mult de mediul lor cultural de provenienţă.

*Ridicatul din umeri*

„Deşi ridicatul din umeri este forţat să rămână deoparte privind la ceilalţi, acest gest este mult mai aproape de supunere decât de dominanţă. Din mai multe motive:

• *umerii*

Ridicarea umerilor este o parte integrantă a acestui gest şi originea sa e reprezentată de „reacţia de sperietură" înnăscută, în prezenţa unui sunet puternic şi neaşteptat, instinctiv ridicăm umerii şi lăsăm capul în jos. Ridicarea umerilor are şi ea un rol protector, dar în acest context mai mult simbolic. Deoarece autoapărarea este o componentă importantă a sumisiunii, înseamnă că ridicatul din umeri are mai multe în comun cu supunerea decât cu dominanţa.

• *capul*

Când oamenii ridică din umeri, de multe ori întorc capul într-o parte; „întoarcerea capului" este un gest de supunere. Adăugând acest gest, ridicatul din umeri devine şi mai supus.

• *sprâncenele*

O altă trăsătură deseori adăugată ridicatului din umeri este ridicarea sprâncenelor. Când sprâncenele se ridică fără ca ochii să se deschidă şi mai mult, mesajul este unul de calmare. Prin urmare, ridicatul din umeri însoţit de ridicarea sprâncenelor este un gest mult mai supus decât cel produs fără această adăugire.

• *mesajele*

Mesajul transmis de ridicatul din umeri este unul de neajutorare. O persoană care ridică din umeri spune: „Nu pot face nimic în această privinţă", „Nu ştiu" sau „Nu e vina mea". Aceste mesaje de neputinţă sunt evident mai mult apropiate de sumisivitate decât de dominanţă."[62]

◊ **Gesturi făcute cu palma**

În decursul istoriei, palma deschisă a fost asociată cu adevărul, onestitatea, supunerea, umilinţa. Au fost rostite multe jurăminte cu palma pe inimă.

Una dintre cele mai sigure căi de a descoperi dacă cineva este sau nu sincer şi onest ne-o oferă observarea etalării palmelor. Când oamenii doresc să arate că sunt pe deplin sinceri şi oneşti, întind una sau amândouă palmele deschise către celălalt, ca şi cum ar spune: „Permiteţi-mi să fiu absolut sincer".

**Puterea palmei**

Unul dintre cele mai puţin observate, dar, totodată, şi cele mai eficiente semnale nonverbale este transmis de palma omului. „Gesturile principale de îndrumare ale palmei sunt următoarele trei:

---

[62] Peter Collett, *Cartea gesturilor,* traducerea Alexandra Borş, Editura Trei, Bucureşti, 2005, p. 62–63.

*Palma în sus*

*Palma în jos*

*Palma pumn cu deget arătător întins*

• *palma îndreptată în sus – este utilizată ca un gest de supunere, neameninţător, evocând gestul cerşetorului de stradă;*

• *palma îndreptată în jos – asigură autoritate imediată;*

• *palma strânsă pumn, cu degetul arătător întins – devine o bâtă simbolică, cu care vorbitorul îl ameninţă pe ascultător pentru a-l supune. Degetul arătător întins este unul din cele mai iritante gesturi care pot fi utilizate în timpul conversaţiei, mai ales dacă vorbitorul, concomitent, bate şi ritmul cuvintelor sale."[63]*

## Strângerea de mână

*Strângerea de mână*

Strângerea mâinii este o relicvă din epoca în care omul vieţuia în peşteri. De câte ori aceşti oameni se întâlneau, înălţau braţele în aer cu palmele deschise, pentru a arăta că nu au arme la ei. Forma modernă a

---

[63] Ibidem, p. 50–51.

acestui străvechi ritual de salut este întinderea mâinii şi strângerea palmelor atât la întâlnire, cât şi la despărţire. În mod obişnuit, într-un asemenea gest, mâinile se scutură între cinci şi şapte ori.

Atitudinile de bază în strângerea de mână:

Strângerea de mână          Strângerea de mână          Strângerea de mână
DOMINAREA                          EGALITATEA                          SUPUNEREA

• *dominarea*

Într-o strângere de mână, dominarea se face simţită prin întinderea mâinii cu palma în jos, palma nu trebuie să fie întoarsă complet spre podea, dar faţă de palma celuilalt trebuie să arate în jos, prin aceasta, dându-i de înţeles că dorim să preluăm controlul.

• *supunerea*

Întinderea mâinii cu palma în sus este opusul strângerii de mână cu sens de dominare. Totuşi, deşi strângerea de mână cu palma în sus arată o atitudine de supunere, pot exista împrejurări care micşorează această semnificaţie şi pe care trebuie să le luăm în considerare. Chirurgii, artiştii plastici, muzicienii şi toţi cei care îşi utilizează mâinile în profesiile lor, pot să dea mâna moale, pur şi simplu pentru a o proteja.

• *egalitatea*

Când doi oameni, ambii cu intenţii de dominare, îşi strâng mâinile, are loc o luptă tacită, simbolică între ei, întrucât fiecare încearcă să întoarcă palma celuilalt într-o poziţie de supunere. Rezultatul este o strângere de mână asemănătoare unei menghine, când cele două palme rămân în poziție verticală și fiecare încearcă față de celălalt un sentiment de respect."[64]

Allan Pease ne prezintă câteva moduri de a strânge mâna:

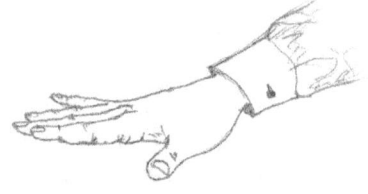

*Împingerea înainte a palmei*

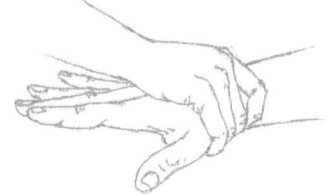

*Stoparea elanului*

• *împingerea înainte a palmei cu fața în jos – denotă agresivitate;*

• *stoparea elanului celui care împinge înainte palma cu fața în jos – constă în prinderea părții de sus a mâinii celeilalte persoane și scuturarea ei;*

*Strângerea mâinii în manieră „mănușă"*

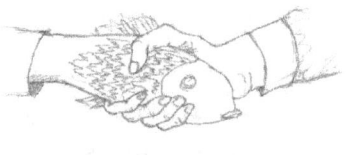

*Strângerea mâinii în manieră „pește mort"*

• *strângerea mâinii în manieră „mănușă" – este denumită și strângerea de mână a politicienilor; inițiatorul acestei tehnici încercă să creeze impresia că este un om demn de încredere și*

---

[64] Allan Pease, *op. cit.*, p. 53–55.

onest, dar efectul este invers. „Mănuşa" se recomandă doar cu oamenii pe care iniţiatorul îi cunoaşte bine.

• „peşte mort" – un gest de salut neplăcut, mai ales dacă mâna este rece şi umedă. Senzaţia de mână moale şi nemişcată pe care o sugerează „peştele mort" îl face pe cel ce foloseşte această strângere de mână nepopular şi considerat cu un caracter slab.

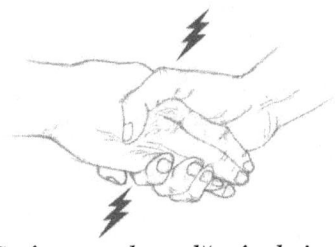

Strângerea brutală a încheieturii degetelor

Întinderea unui braţ rigid

• strângerea brutală a încheieturii degetelor;
• întinderea unui braţ rigid;

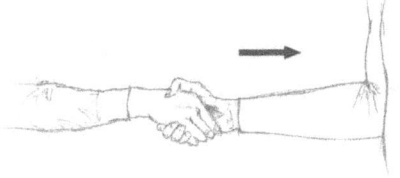

Apucarea vârfului degetelor

Tragerea de braţ a primitorului

• apucarea vârfului degetelor;
• tragerea de braţ a primitorului;
• prinderea încheieturii mâinii;
• apucarea cotului;

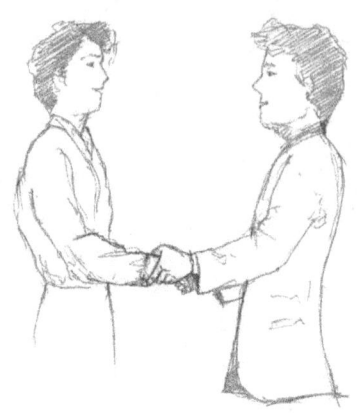

*Prinderea încheieturii mâinii*

*Apucarea cotului*

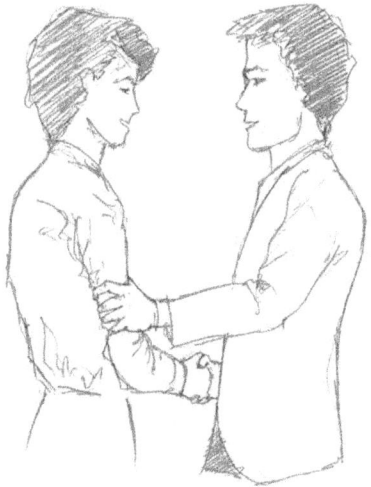

*Strângerea braţului superior*

*Prinderea umărului*

- *strângerea braţului superior;*
- *prinderea umărului.*

### ◇ *Gesturi realizate cu mâinile*
### Frecarea palmelor

„Frecarea palmelor" exprimă o evaluare pozitivă a ceea ce

*Frecarea palmelor*

va urma: o afacere „pe cinste", un aranjament foarte plăcut, o acțiune demult dorită. Allan Pease atrage atenția că și viteza cu care oamenii își freacă palmele are semnificații. Agenții comerciali își freacă mâinile rapid pentru a-i convinge pe clienți că li se propun bunuri și servicii de cea mai bună calitate. La fel procedează și clientul când dorește să arate că se așteaptă să fie foarte bine servit. Frecarea lentă a palmelor transmite inconștient alt mesaj: lipsă de sinceritate, viclenie, gânduri ascunse.

Ca și în legătură cu orice alt gest, pentru a interpreta corect frecarea palmelor trebuie luată în considerare situația socială concretă: este vorba despre un profesor care, frecându-și palmele, explică lecția elevilor, de o persoană care așteaptă pe o vreme geroasă tramvaiul în stație, de un chelner care ne întreabă ce mai dorim etc.

### Încleștarea mâinilor

La prima vedere pare a fi un gest de încredere, deoarece, unii dintre cei care îl folosesc zâmbesc adesea și par a fi mulțumiți.

*Încleştarea mâinilor*

Dar, cercetătorii au ajuns la concluzia că poziţia de încleştare a mâinilor reprezintă un gest de frustrare care semnalizează că cel în cauză îşi reprimă o atitudine negativă.

Gestul are trei poziţii principale: mâinile încleştate înaintea feţei, mâinile încleştate şi aşezate pe masă sau în poziţie de mijloc şi mâinile încleştate şi lăsate în poală în poziţia de şedere sau lăsate în jos când stăm în picioare.

## Mâinile în poziţie de coif

Allan Pease susţine că gestul are două versiuni:

*Coif îndreptat în sus*

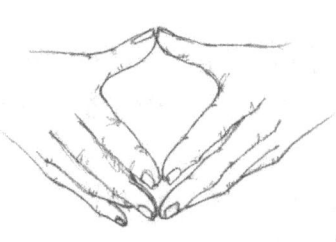

*Coif îndreptat în jos*

• *coiful îndreptat în sus – poziţie obişnuită când cel în cauză îşi expune pe larg părerile şi ideile;*
• *coiful îndreptat în jos – folosit, în general, de cel care mai degrabă ascultă, decât vorbeşte.*

### Acoperirea gurii

„Acoperirea gurii face parte din puţinele gesturi ale adulţilor, care sunt tot atât de evidente ca şi gesturile copiilor. Mâna acoperă gura, degetul mare apasă obrazul, în timp ce creierul trimite subconştient comenzi mâinii să încerce să oprească pronunţarea cuvintele mincinoase. Uneori, doar câteva degete sau pumnul strâns acoperă gura, dar înţelesul gestului rămâne acelaşi."[65]

*Acoperirea gurii*

### Atingerea nasului

Gestul atingerii nasului este, în esenţă, o versiune deghizată a gestului de acoperire a gurii. Atingându-şi nasul, mincinosul trăieşte confortul momentan al acoperirii gurii fără riscul de a atrage atenţia asupra acţiunii sale. În acest rol, atingerea nasului funcţionează ca un substitut al atingerii gurii, este un

*Atingerea nasului*

---

[65] Allan Pease, *Limbajul trupului*, Ed. Polimark, Bucureşti, 2002, p. 79.

indicator al ascunderii, o persoană îşi scarpină nasul în timp ce intenţia sa reală este de a-şi acoperi gura.

„Este posibil ca atingerea nasului să nu aibă nicio legătură cu anxietatea sau inducerea în eroare şi să fie o formă inconştientă de respingere. Ray Birdwhistell considera că atunci când o persoană îşi freacă nasul în prezenţa alteia îşi exprimă respingerea faţă de interlocutor. După părerea lui, „frecarea nasului la americani este un semn de respingere la fel de puternic ca şi cuvântul «Nu!»"[66].

### Frecarea ochiului

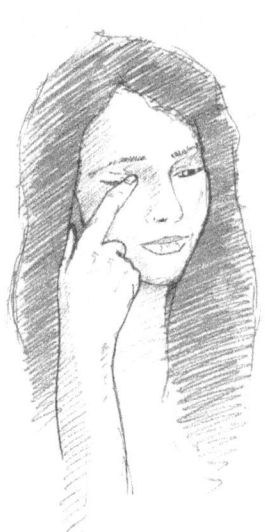

*Frecarea ochiului*

„N-am văzut nimic rău" – acest gest este dirijat de creier pentru a îndepărta inducerea în eroare, îndoiala sau minciuna pe care le „vede" sau de a evita să-l privească în faţă pe cel căruia îi spune o minciună. Bărbaţii, de regulă îşi freacă ochii viguros şi dacă trag o minciună zdravănă privesc adesea în altă parte, de obicei în jos. Femeile utilizează o mişcare măruntă, tandră, de frecare dedesubtul ochilor. Şi ele evită privirea celor care le ascultă, ridicând ochii spre tavan."[67]

---

[66] Peter Collett, *Cartea gesturilor,* traducerea Alexandra Borş, Editura Trei, Bucureşti, 2005, p. 246.

[67] Allan Pease, *Limbajul trupului,* Ed. Polimark, Bucureşti, 2002, p. 81–82.

### Frecarea urechilor

„De fapt este o încercare a ascultătorului de „a nu auzi rău", încercând să blocheze cuvintele prin așezarea mâinii în jurul sau deasupra urechilor. Este o versiune adultă mai rafinată a gestului copilului care își astupă cu mâinile ambele urechi, pentru a se ține departe de mustrările părinților săi."[68]

*Frecarea urechii*

*Scărpinatul gâtului*

### Scărpinatul gâtului

„Scărpinatul se face de aproximativ cinci ori, rareori, acest număr este mai mic sau depășește această cifră. Gestul semnalează îndoială sau incertitudine și este caracteristic oamenilor care spun: „Nu sunt sigur dacă voi accepta"[69].

---

[68] Ibidem, p. 82.
[69] Allan Pease, *op. cit.*, p. 83.

◇ *Genunchii în „sistemul postură – gest"*

„Dintotdeauna, poeţii s-au întrecut să cânte iubirea şi tot ce evocă fiinţa iubită: ochii, braţele, sânii, coapsele, genunchii... Genunchii?! Da. Ei pot fi, ca şi femeia iubită, calzi, divini, fragezi, ispititori, plăpânzi, tineri, tremurători... Şi frumuseţea masculină asociază genunchii armoniei trupului."[70]

Antropologii, psihologii şi sociologii, studiind comunicarea nonverbală, s-au referit numai în treacăt la genunchi atunci când au analizat gesturile şi postura ca elemente ale acestui tip de comunicare.

„Servesc genunchii unor gesturi fundamentale? Da. A îngenunchea în faţa altuia sau a unui lucru cu valoare simbolică reprezintă un gest fundamental. Genuflexiunea, ca gest de omagiu religios, social sau politic, se întâlneşte din toate timpurile în toate societăţile sau, cel puţin, în cele mai multe societăţi. Cu cât societatea este mai rigid stratificată şi guvernarea mai tiranică, cu atât mai constrângătoare va fi regula de a îngenunchea în faţa autorităţii. Marica Pietreanu notează: „În Africa acelor timpuri, băştinaşii din Dahomei aveau genunchii aproape la fel de aspri ca şi călcâiele."[71]

„Când privesc o persoană stând picior peste picior, cei mai mulţi nu văd decât genunchii, nu disting şi pattern-ul cultural, nici psihologia persoanei, nici relaţia dintre personaje."[72]

---

[70] Septimiu Chelcea, *Comunicarea nonverbală în spaţiul public. Studii, cercetări, aplicaţii*, Editura Tritonic, Bucureşti, 2004, p. 77.

[71] Pietreanu, M., *Salutul în limba română. Studiu sociolingvistic*, Editura Ştiinţifică şi Enciclopedică, Bucureşti, 1984, p. 47.

[72] Septimiu Chelcea, *Comunicarea nonverbală în spaţiul public. Studii, cercetări, aplicaţii*, Editura Tritonic, Bucureşti, 2004, p. 85.

Gordon W. Hewes a realizat un atlas etnologic mondial al distribuției obiceiurilor posturale la om. A adunat informații despre „o sută de postúri din cele mai obișnuite, mai ales șezând, îngenuncheat, ghemuit și stând pe vine". Tipologia creată de el ia în calcul opt postúri fundamentale:

• *postura „clasică" nilotică (Nilotenstellung), ortostatică într-un picior, sprijinit de o prăjină sau de un baston;*

• *postura șezând pe scaun;*

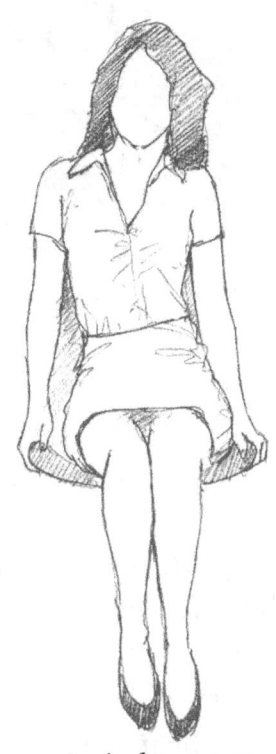

*Postura nilotică*

*Șezând pe scaun*

• *postura ghemuit pe vine;*

• *postura șezând cu picioarele întinse fie paralele, cu genunchii lipiți, fie genunchi peste genunchi sau gleznă peste gleznă este postura obișnuită pentru femei;*

99

*Postura şezând cu picioarele întinse*

*Ghemuit pe vine*

• postura şezând cu picioarele încrucişate – „şezând turceşte";

*Şezând turceşte*

• postura îngenuncheat pe genunchi şi pe laba piciorului sau pe genunchi şi pe călcâie;

• postura şezând cu un genunchi deasupra şi celălalt dedesubt şi cu picioarele flectate."

În legătură cu poziţia şezând picior peste picior, se observă trei moduri existente de bază, cu multiple variante: genunchi peste genunchi, genunchi peste gleznă şi gleznă peste gleznă.

*Postura îngenunchiat*      *Postura şezând cu un genunchi deasupra*

Septimiu Chelcea este de părere că „fără a subestima, dar şi fără a exagera rolul postúrii şi gesturilor în comunicarea interpersonală, noi credem că postura şi gesturile pot fi analizate corect numai reunite într-un sistem – sistemul postură-gest – şi numai dacă, împreună cu celelalte forme de comunicare nonverbală, sunt integrate cu limbajul verbal, luându-se în considerare şi contextul situaţional şi socio-cultural. Doar într-o asemenea perspectivă genunchii... vorbesc."[73]

---

[73] Septimiu Chelcea, Comunicarea nonverbală în spaţiul public. Studii, cercetări, aplicaţii, Editura Tritonic, Bucureşti, 2004, p. 92.

### c. Poziţia corpului

„Corpul uman este capabil să-şi asume o mie de postúri, adică de poziţii pe care poate să le păstreze un anume timp fără a resimţi oboseala", susţine Gordon W. Hewes.

Filosoful şi psihologul american William James a identificat, pe baza studiilor experimentale în care se cerea subiecţilor evaluarea unui număr de 347 de fotografii, patru postúri fundamentale:

• *atitudinea de apropiere – acordarea atenţiei, în care corpul este înclinat în faţă;*

• *atitudinea de respingere – refuz, de ocolire, de retragere faţă de celălalt;*

• *atitudinea de expansiune, care exprimă aroganţă, orgoliu, agresivitate – capul, trunchiul şi umerii sunt în extensie;*

• *atitudinea de contracţie, caracteristică dezamăgirii, stărilor depresive, în care capul „atârnă" flexibil şi umerii sunt aduşi.*

Albert E. Scheflen apreciază că în interacţiunea dintre persoane există trei dimensiuni de bază ale postúrii: includere/neincludere; orientarea paralelă a corpului sau vizavi; congruenţă/incongruenţă.

Flora Davis este de părere că „fiecare individ are un mod caracteristic de a-şi menţine propriul corp când stă, se ridică sau când se plimbă. Este ca un fel de semnătură". Postura poartă în sine urmele trecutului şi exprimă destul de exact starea psihică de moment a persoanei, dacă nu şi trăsăturile de personalitate.

Felul în care oamenii îşi folosesc corpurile oferă deseori indicii despre gradul lor de angajare într-o conversaţie. Cele trei surse principale de informaţie oferite de corp sunt: ochii, bustul şi picioarele. Oamenii sunt în general conştienţi de ceea ce fac cu ochii lor, aşa că privirea nu este întotdeauna o sursă de informaţie precisă despre sentimentele reciproce ale interlocutorilor.

„Deoarece oamenii sunt mult mai puţin conştienţi de direcţia spre care se îndreaptă pieptul lor, deseori, acesta este un indicator mult mai bun al sentimentelor. Totuşi, când vrem să apreciem măsura angajării unei persoane într-o conversaţie, cel mai bun loc spre care să ne uităm sunt picioarele şi tălpile. Din două motive: în primul rând, oamenii sunt deseori foarte puţin conştienţi de aceste părţi ale corpului. În al doilea rând, picioarele ne pot spune foarte multe pentru că sunt asociate cu impulsul primar de fugă. Când oamenii se simt ameninţaţi, reacţionează fie apărându-se, fie încercând să fugă.

În timp ce îşi pregătesc fuga, deseori fac mişcări inten-ţionale care dau naştere unei multitudini de postúri:

• *postura paralelă (poziţia de drepţi)*

În acest caz, picioarele sunt drepte şi paralele, tălpile sunt apropiate una de alta şi greutatea corpului este repartizată egal pe ambele picioare. Persoanele care adoptă această postură sunt de obicei neangajate – nu arată nici că vor să plece, nici că vor să rămână.

• *postura „călăreţului”*

Picioarele sunt din nou drepte, dar, de această dată, tălpile sunt foarte depărtate. Postura călăreţului este tipică pentru dominanţă întrucât măreşte spaţiul ocupat de corp, persoana se întinde şi îşi expune pe nesimţite organele genitale. Deoarece picioarele sunt aşezate la o oarecare distanţă, postura călăreţului este în acelaşi timp o postură a imovabilităţii – arată că persoana nu intenţionează să plece.

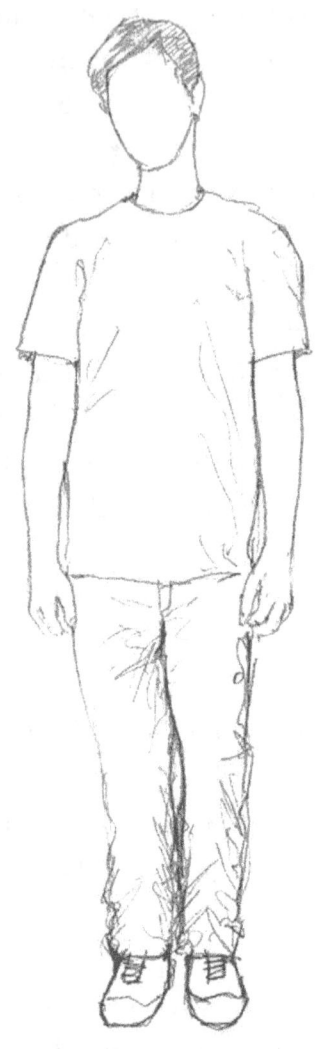

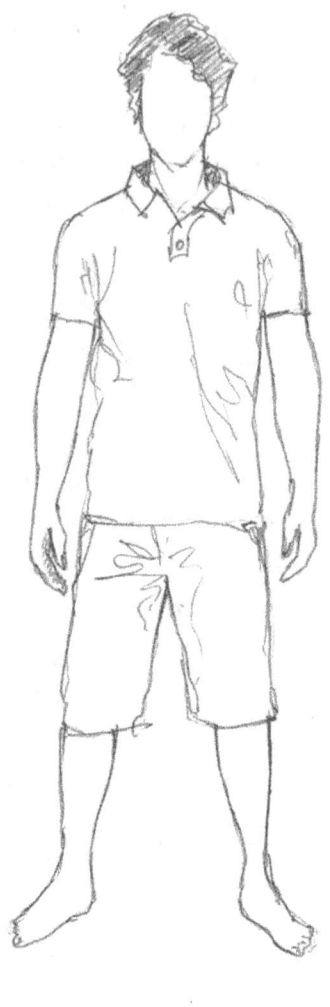

*Postura paralelă*          *Postura călărețului*

• *postura „foarfecelui"*

În această poziție, picioarele sunt încrucișate ca lamele unei perechi de foarfece. Această postură are două versiuni – cu ambele picioare drepte („postura foarfecelui") sau cu un picior îndoit peste celălalt sau în spatele lui („postura lamei îndoite"). Postura

*Postura foarfecelui*

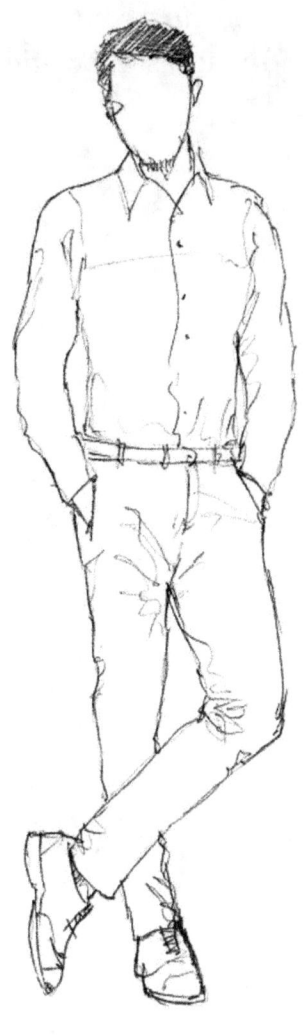

*Postura lamei îndoite*

foarfecelui este una clasică de imobilitate. Este un exemplu perfect al unui semnal nonintenţional deoarece arată că persoana este angajată în conversaţie şi nu are nici cea mai mică intenţie de a pleca. Deoarece este complet lipsită de orice urmă de nerăbdare, postura foarfecelui este percepută şi ca un gest de sumisiune.

• *postura contrafortului*

În această poziție, cea mai mare parte din greutatea corporală se lasă pe piciorul „suport", celălalt picior joacă rol de contrafort – ca un contrafort boltit de catedrală. În această postură, piciorul suport este drept, cel de contrafort putând fi drept sau îndoit – de obicei este îndoit din genunchi, iar talpa este așezată cu vârful îndreptat spre exterior. Această postură s-a bucurat de foarte multă popularitate ca formă de afirmare masculină din Evul Mediu și până la jumătatea secolului al XIX-lea – de fapt, după aspectul pantalonilor masculini până la dispariția bretelelor strâmte. Ea permitea bărbaților să „își arate piciorul" și să adopte o postură care îi scotea din rândul clasei de jos. În zilele noastre, postura contrafortului pretinde că este un mod comod de a odihni un picior cât timp celălalt oferă susținere corpului. În realitate arată că persoana dorește să plece. Aceasta din cauză că este foarte apropiată de actul mersului. Când cineva începe să se îndepărteze, își transferă automat greutatea

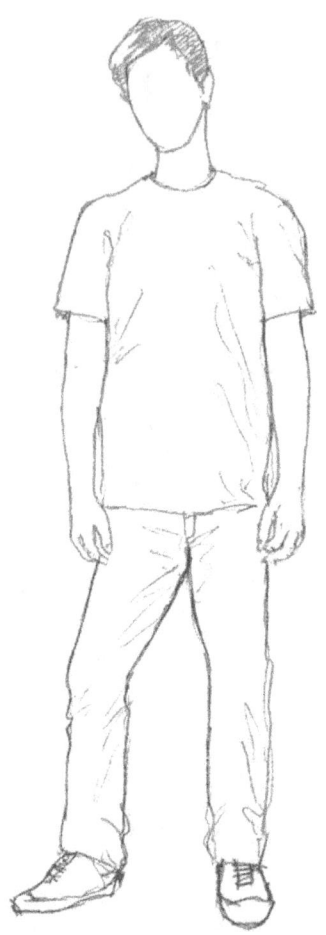

*Postura contrafort*

corporală pe un picior pentru ca celălalt să fie liber să facă un pas."[74]

### Poziția așezat

Această postură urmărește în esență respectarea conveniențeі, facilitarea comunicării și confortul. Când o persoană se așază, de obicei îşi aranjează picioarele astfel încât să se simtă bine, să nu încalce nicio normă socială și să transmită un anumit mesaj. Mesajul transmis de poziția așezat nu trebuie să fie neapărat conștient. De fapt există o probabilitate mult mai mare ca aceasta să fie motivată de dorințe inconștiente.

„Trei postúri fundamentale pot fi identificate în funcție de felul în care sunt așezate picioarele:

• *postúrile cu „picioarele drepte" în care picioarele sunt întinse;*

*Postura șezut cu picioarele drepte*

• *postúrile tip „pas", în care tălpile sunt așezate pe linia genunchilor;*

• *postúrile „strânse" în care picioarele sunt băgate sub scaun.*

În sine, postúrile tip „pas" nu oferă neapărat un indiciu despre dominanță. Totuși, felul în care cineva îşi aranjează genunchii spune foarte clar dacă se simte dominant sau supus.

---

[74] Peter Collett, Cartea gesturilor, traducerea Alexandra Borș, Editura Trei, București, 2005, p. 103–106.

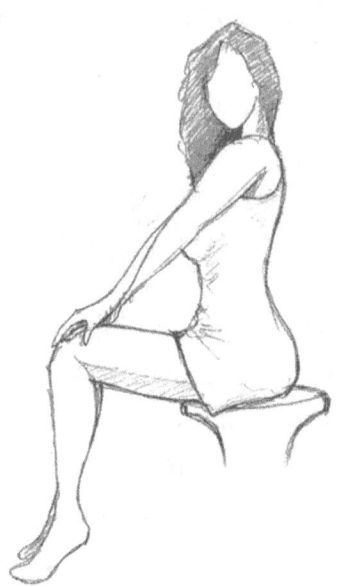 

*Postura şezut tip „pas"*          *Postura cu picioarele sub scaun*

Persoanele care stau cu genunchii depărtaţi trimit semnale clare, deşi, de obicei neintenţionate, că se simt dominante. Acest lucru se observă mai ales la postúrile cu picioarele drepte în poziţia aşezat, unde picioarele sunt proptite şi perfect întinse.

Un sentiment de dominanţă este transmis şi de postúrile tip „nicovală", unde picioarele sunt îndoite, coapsele răsfirate şi ambele tălpi aşezate ferm pe sol şi de postura „cifra patru", unde glezna unui picior se odihneşte pe coapsa celuilalt, astfel încât membrele sunt aranjate în forma cifrei patru.

Unele postúri din poziţia aşezat transmit mesaje neclare – mai ales când picioarele sunt poziţionate diferit. Pentru că transmit o impresie de relaxare, postúrile asimetrice tind să fie mai dominante decât cele simetrice. Dar există şi excepţii. De exemplu, când cineva îşi întinde picioarele şi îşi încrucişează gleznele, picioarele întinse arată că vrea să fie considerat dominant. Totuşi, faptul că şi-a încrucişat picioarele îl dă de gol – pentru că exprimă reticenţă."[75]

### Coatele

Pentru a părea dominanţi, oamenii trebuie să creeze impresia de putere fizică, să pară calmi şi nepreocupaţi de ameninţări din partea altora. Un mod de a realiza acest lucru este aşezarea mâinilor în şolduri. Există două versiuni principale ale acestei postúri – cea cu o singură mână în şold şi cea cu două mâini.

*Postura cu mâinile în şolduri*

„Versiunea cu două mâini este mai spectaculoasă, dar cea cu o singură mână poate fi îndreptată către o anumită persoană, lucru care devine imposibil în poziţia cu ambele mâini în şolduri. Există trei componente care fac postúrile cu mâinile în şold dominante:

• *componenta expansivă*

Când cineva îşi pune mâna în şold, pare mai mare şi potenţial mai ameninţător. Când sunt folosite ambele mâini, efectul se dublează. Postúrile cu mâinile în şolduri măresc şi teritoriul ocupat de persoană – ca şi postúrile cu picioarele întinse în poziţia aşezat.

---

[75] Ibidem, p. 39–40.

• *componenta de amenințare*

Oricine a încercat vreodată să își facă loc prin mulțime, știe cât de eficiente sunt coatele în eliberarea drumului. Coatele sunt osoase și ascuțite. Pot fi folosite pentru a împinge, a înghionti și a da la o parte oamenii din drum fără a produce genul de jignire care s-ar putea isca dacă persoana și-ar folosi mâinile. În această privință, coatele sunt o armă de rangul doi, dar sunt o armă, totuși. Acest lucru face posibilă folosirea lor într-un mod insidios, aproape subliminal. Cu mâinile în șold mesajul este și mai subtil – coatele amenință oamenii fără ca ei să își dea prea bine seama de acest lucru.

• *componenta preparatorie*

Postura cu mâinile în șold este la jumătatea drumului între cea cu mâinile pe lângă corp și cea cu mâinile ridicate gata de atac. Din acest motiv, postura este o pregătire parțială de atac — una în care intențiile persoanei sunt mascate de faptul că mâinile se odihnesc comod pe șold. În cazul persoanelor înarmate cu o sabie sau un pistol, punerea mâinii în șold este de multe ori o apropiere de armă, lucru care permite mâinii să se odihnească în timp ce se pregătește de atac.

La prima vedere, toate postúrile cu mâna la șold arată la fel. Totuși, la o analiză mai atentă, descoperim de fapt patru variante principale, fiecare cu o poziție diferită a mâinii sau a mâinilor:

• *varianta cu toate degetele*

Aici, degetele se îndreaptă toate spre față, numai degetul mare este orientat invers, iar palma este cu fața în jos. Bărbații preferă varianta „cu toate degetele", pentru că se simt mai pregătiți de atac având toate degetele îndreptate înainte. Ei tind să adopte această postură pentru a se afirma – când se simt dominanți sau când simt că dominanța le este amenințată. Postura poate fi folosită și ca o provocare.

• *varianta cu degetul mare opozabil*

În această versiune degetul mare rămâne în față, iar restul degetelor se întorc spre spate, palma fiind orientată în sus. Femeile manifestă o preferință mai mare pentru această variantă decât bărbații. Principalul motiv este unghiul mai mare de mișcare a antebrațului la femei față de bărbați. Acest lucru înseamnă că femeile își pot duce brațul mai mult în spate din cot, ceea ce ușurează plasarea mâinilor pe șold cu degetul opozabil în față.

• *varianta palmei*

Varianta palmei este cea mai afectată dintre toate postúrile cu mâna pe șold. Este mai curând o postură nenaturală, flexată a mâinii în care partea exterioară a palmei este în contact cu șoldul și palma este în afară. Este poziția cel mai des întâlnită în portretele de regi, cavaleri și generali din secolele al XVI-lea și al XVII-lea — cu alte cuvinte, indivizi care trebuiau să se distingă de restul societății, adoptând poziții artificiale.

• *varianta pumnului*

Aici, pumnul este în contact cu șoldul. Aceasta este virtual cea mai amenințătoare versiune a postúrii cu mâna în șold. Deoarece bărbații recunosc potențialul provocator al acestei versiuni, tind să o evite. Femeile totuși o folosesc – ocazional pentru a-și exprima sfidarea și uneori ca gest de autoironie."[76]

### d. Orientarea corporală

Felul în care o persoană își orientează corpul către alte persoane poate transmite și el un mesaj legat de dominanță. Când un bărbat vorbește cu șeful său, de obicei îi arată respect, orientându-și corpul spre el. Șeful, pe de altă parte, este mult mai probabil să își întoarcă corpul în altă direcție. Subordonatul arată

---

[76] Peter Collett, *op. cit.*, p. 40–44.

că este centrat pe şef, în timp ce şeful arată că este dominant şi îşi păstrează deschise opţiunile.

Noi, oamenii, ne prezentăm părţile vulnerabile ale corpului, inclusiv flancurile, când vrem să arătăm că nu avem intenţii agresive faţă de o persoană. Când două persoane nu se cunosc şi există un grad mare de incertitudine, probabilitatea ca orientarea faţă în faţă să fie interpretată ca un preludiu al atacului este foarte mare. Dar dacă se cunosc, este mai probabil ca aceeaşi orientare să fie interpretată ca un semn de respect.

### e. Proximitatea

Comunicăm, desigur, cu mâinile, cu ajutorul expresiilor faciale, al privirii, dar comunicăm şi prin modul în care folosim un anumit spaţiu.

„Majoritatea animalelor consideră ca fiind un spaţiu al lor un anumit spaţiu aerian din jurul trupului lor. La rândul său, omul îşi are propria „bulă de aer" pe care o duce cu sine şi a cărei mărime depinde de densitatea populaţiei acelui loc unde a crescut. Prin urmare, distanţa zonală personală este determinată cultural."[77]

Pe baza studiului distanţelor la animale, Edward T. Hall face măsurători ale pragurilor de receptare a vocii, delimitând patru distanţe interumane:

• *„distanţa intimă"* – *de până la 40–50 cm, în care poţi simţi prezenţa celuilalt, mirosul, respiraţia. Este un spaţiu de protecţie pentru individ, accesibil numai persoanelor foarte apropiate, partenerului, iubitei sau iubitului, celui mai bun prieten, propriilor copii. Apropierea interlocutorilor, acceptarea lor în zona distanţei intime exprimă o apropiere psihologică.*

---

[77] Allan Pease, *Limbajul trupului,* Ed. Polimark, Bucureşti, 2002, p. 32.

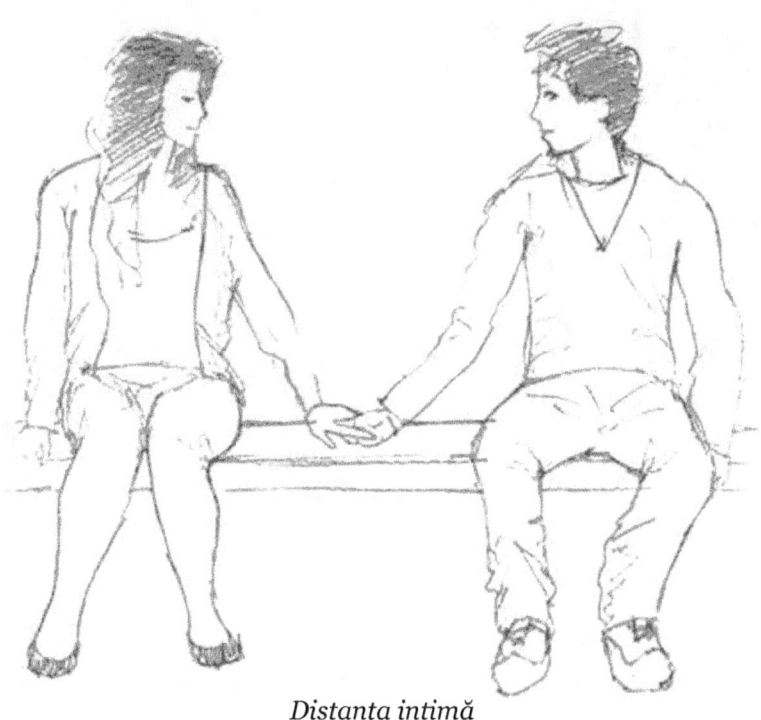

*Distanţa intimă*

• „*distanţa personală*" – *50–75 cm, în care indivizii îşi pot atinge mâinile, defineşte limita contactului fizic cu ceilalţi. La acest nivel nu putem detecta căldura, respiraţia celuilalt şi, în general, avem dificultăţi în a menţine contactul la nivelul ochilor. Dacă acest spaţiu este încălcat, ne simţim inconfortabil, lucru sesizabil prin mişcări excesive la nivelul corpului – partea inferioară, în special. În anumite situaţii, însă (la o petrecere), nu părem deranjaţi de această „invadare". Reacţia faţă de invadarea spaţiului personal este în funcţie de tipul de relaţie pe care o avem cu interlocutorul (dacă manifestăm atracţie faţă de acesta, gradul de toleranţă este mai mare).*

• „*distanţa socială*" – *1,5–3 m este distanţa în care pierdem detaliile privind interlocutorul. Este distanţa la care se desfă-*

*Distanţa personală*

şoară cele mai multe dintre interacţiunile individuale obişnuite, tranzacţiile, afacerile cu caracter formal. Dispunerea mobilierului unui birou ţine seama de respectarea acestei distanţe. Contactul la nivelul ochilor este foarte important pentru a menţine un nivel optim al comunicării, vocea este mai ridicată, iar inflexiunile vocii au rolul de a reduce distanţa socială.

• „distanţa publică" – 3–6 m este distanţa în care individul este protejat şi poate deveni defensiv dacă este atacat. La acest nivel pierdem foarte multe detalii ale comportamentului interlocutorului: expresiile feţei, direcţia privirii, dar suntem îndeajuns de aproape pentru a-i urmări acţiunile. Fiecare dintre cele patru distanţe se distinge prin canalele de comunicare (simţurile) cu care se operează.

În cazul distanţei intime operează olfacţia, contactul cutanat, sensibilitatea termică, însă analizatorul vizual joacă un

*Distanţa socială*

rol minor. În cazul distanţei publice, văzul şi auzul au cea mai mare importanţă, senzaţiile tactile fiind practic eliminate.

Micşorarea distanţei faţă de cei cu care comunicăm este un semn de solidaritate clar. O distanţă mai mică permite intrarea în funcţie a mai multor canale de transmitere/receptare a mesajelor: în afara canalului vizual, intervin auzul, simţul tactil, sensibilitatea termică şi olfactivă. Diferenţele legate de sex şi de vârstă se reflectă în distanţe de relaţionare diferite. Femeile interacţionează menţinând distanţe personale mai mici decât bărbaţii, iar când este vorba despre perechi de sex opus, distanţa se măreşte. În mod similar, copiii interacţionează mai aproape de adulţi, comparativ cu interacţiunile cu parteneri de aceeaşi vârstă.

Distanţa interpersonală este un determinant al interacţiunilor sociale care suportă influenţe nu numai din perspectivă culturală, ci şi din perspectivă socializatoare. În plus, efectele pozitive sau negative faţă de interlocutor pot determina distanţe de interacţiune diferite: prietenii mai aproape decât necunoscuţii, persoanele cu care cooperăm mai aproape decât cele cu care suntem în competiţie.

### f. Contactul vizual

În cadrul relaţiilor interpersonale, privirea oferă un feedback important despre reacţiile celuilalt. Într-un studiu de sinteză recent, C. Neil Macrae apreciază că „direcţia privirii este un mijloc prin care oamenii şi alte animale pot transmite informaţii sociale relevante".

În anumite contexte, prelungirea contactului vizual poate însemna ostilitate şi furie, în alte contexte este un semn de prietenie, de iubire, în general, de interes pentru persoana celuilalt. Experimentele realizate de Michael Argyle şi Janet Dean au pus în evidenţă faptul că indivizii tind spre un echilibru al distanţei în relaţiile interpersonale şi adoptă, conform acestei distanţe, un

*Contact vizual*

anumit model de contact vizual. În timpul interacţiunilor sociale, oamenii se uită în ochii celorlalţi în repetate rânduri, însă privesc mai mult când ascultă ceea ce vorbeşte celălalt, menţinând privirea trei până la zece secunde. Dacă privirea îndreptată spre celălalt se prelungeşte, se instalează disconfortul interlocutorului.

Elliot Aronson remarca faptul că în cultura americană „a nu privi în ochii celuilalt" când vorbeşte poate genera suspiciune şi, de asemenea, a vorbi cu cineva care poartă ochelari de soare poate produce disconfort psihic.

În alte culturi însă a privi în ochii celuilalt este considerat o lipsă de respect, mai ales faţă de persoane cu poziţii sociale superioare. Fără contact la nivelul ochilor, oamenii nu simt că interacţionează, nu comunică pe deplin. Georg Simmel aprecia contactul vizual ca asigurând, „dintre toate relaţiile interumane, reciprocitatea desăvârşită". În timpul discursurilor mai puţin personale, când conţinutul discursului se bazează pe elemente cognitive, argumente logice, intensitatea privirii este mai ridicată decât în cadrul discursurilor personale.

Există diferenţe individuale în ceea ce priveşte intensitatea privirii, femeile fiind angajate în contacte la nivelul ochilor mai mult decât bărbaţii. Direcţionarea privirii depinde şi de tipul de relaţie care se stabileşte între partenerii de discuţie, fiind mai mare dacă partenerii sunt atraşi unul de celălalt sau se află în relaţii de cooperare decât dacă sunt în conflict.

Analizând funcţiile privirii, Michael Argyle şi Janet Dean menţionează:

• *căutarea informaţiei*

Indivizii caută un răspuns al acţiunilor lor în ochii celorlalţi, care este absolut necesar pentru adaptarea în continuare a discursului.

• *semnalarea deschiderii canalului de comunicare*

Dacă în cadrul unei conversaţii între două persoane unul dintre interlocutori întoarce privirea către un al treilea, aceasta înseamnă închiderea canalului de comunicare cu prima persoană. Contactul la nivelul privirii include obligaţia de a interacţiona. Dacă un vânzător, spre exemplu, se lasă privit, el îşi manifestă disponibilitatea de a fi la dispoziţia clientului.

• *ascunderea şi exhibiţionismul*

Tendinţa unor persoane de a se ascunde de privirea celorlalţi şi, în sens contrar, tendinţa altora de a se face remarcate.

• *stabilirea, confirmarea relaţiilor sociale*

Privirea poate fi un indicator al tipului de relație socială care se stabilește între interlocutori – atracție, supunere, dominare.

Cercetările comparative interculturale au pus în evidență existența unor modele diferite ale modului de a privi. În așa-numitele culturi „de contact" – în care se încurajează atingerile cutanate ale interlocutorilor, s-a constatat că indivizii se angajează mai frecvent în schimburi de priviri, îi privesc în ochi pe interlocutori, practică atingerile corporale mai mult decât cei din culturile de „noncontact".

### g. Contactul corporal
**Atingerea**

Importanța comunicării umane prin canalul cutanat i-a preocupat de timpuriu pe oamenii de știință interesați de procesul de socializare a copiilor, ca și pe cei ce au încercat să studieze psihosociologic iubirea.

Contactul cutanat dintre mamă și copilul nou-născut se realizează încă din primele momente de viață ale acestuia. Mamele încep prin atingerea cu mâna a extremităților copilului, în primul rând a degetelor de la mâini, apoi de la picioare. Perioada în care atingerea cutanată a copiilor are frecvența cea mai mare este la vârsta de unu-doi ani, fetițele fiind privilegiate față de băieței. Reacțiile copiilor la atingerile cutanate ale mamei nu sunt uniforme. Există copii care resping îmbrățișarea mamelor, copii care doresc îmbrățișarea și, desigur, o categorie intermediară.

Erving Goffman a remarcat printre cei dintâi că persoanele cu statut superior au privilegiul contactului cutanat. Un subaltern acceptă ca șeful lui direct să pună brațul pe umărul lui. Dacă persoana cu statut social inferior ar încerca să facă același lucru

*Contact corporal – Atingerea*

superiorului său, acesta, foarte probabil, ar reacţiona negativ. În viaţa de zi cu zi putem lesne observa astfel de situaţii.

În 1973, Nancy M. Henley a făcut observaţii sistematice în diferite locuri publice şi a constatat că femeile recepţionează mai multe semnale cutanate din partea bărbaţilor decât emit: 42 la sută semnale cutanate de la bărbaţi la femei şi 25 la sută de la femei la bărbaţi.

Cercetările ştiinţifice în acest domeniu nu sunt deloc numeroase şi s-au realizat aproape exclusiv în spaţiul anglo-american. Generalizarea rezultatelor trebuie făcută cu prudenţă, ştiut fiind că atingerile corporale sunt puternic reglementate cultural şi contextual. Unele constatări merită, totuşi, să fie luate în considerare:

• *iniţierea contactelor cutanate este asimetrică, bărbaţii atingând mai frecvent femeile decât femeile pe bărbaţi;*

• *iniţierea atingerilor cutanate depinde, în afara apartenenţei la gen, de vârstă, de tipul relaţiilor dintre persoane, de contextul situaţional şi, nu în ultimul rând, de statutul social;*

• *femeile, cu deosebire cele de vârsta a treia, se angajează mai frecvent decât bărbaţii în atingerea corporală a persoanelor de acelaşi sex;*

• *atingerile corporale dintre persoanele de acelaşi sex sunt mai frecvente decât între persoanele de sexe opuse.*

Atingerea ca un „comportament de curtare" – este asociat cu diferite feluri de atingere. Printre ele se numără şi autoatingerea, atingerea partenerului şi atingerea sau manipularea de obiecte.

### Strângerea mâinii

Strângerea mâinii, ca salut sau gest de despărţire, este un tip de atingere corporală cutanată puternic socializată şi îndelung studiată. Există reguli culturale şi sociale care reglementează această formă specializată de atingere: cine întinde primul mâna, în ce ordine se strâng mâinile – când o persoană este prezentată unui grup – şi, mai ales, cum se salută prin strângerea mâinii.

La noi, ca şi în multe alte ţări europene, iniţiază salutul prin întinderea mâinii persoanele cu statut social superior, doamnele, persoanele mai vârstnice. Când sunt laolaltă mai multe persoane, mâinile se strâng pe rând: doamnele între ele, doamnele şi domnii, domnii între ei. Dacă se încalcă aceste norme, concluzia nu poate fi decât una singură: persoana în cauză nu a fost deplin socializată.

Dar în cadrul aceleiași culturi există diferite moduri de a întinde și de a strânge mâna, transmițându-se astfel informații despre identitatea persoanei, despre relațiile dintre persoane și despre sentimentele persoanelor care se salută prin strângerea mâinii.

Pentru că modelul salutului prin strângerea mâinii este cultural determinat, indivizii își exprimă sentimentele adăugând și alte semnale: apropierea spațială, contactul vizual prelungit, zâmbetul, atingerea și a altor părți ale corpului (antebraț, umeri) decât mâinile.

### Îmbrățișarea

Înainte de căderea zidului Berlinului, îmbrățișarea era un gest care făcea parte din politica dusă în Europa de Est. În zilele acelea, o îmbrățișare puternică, bărbătească era un mod standard de salut între liderii comuniști, însoțită uneori și de un sărut sau două pe obraji, pentru a arăta mai convingător.

În afara arenei politice, îmbrățișarea este folosită ca ritual de salut de persoanele foarte apropiate, care nu s-au mai văzut de mult timp sau care simt nevoia să se încurajeze și să se consoleze una pe alta.

„Există mai multe feluri de îmbrățișări și fiecare conține indicatori importanți:

• *îmbrățișarea laterală*

O îmbrățișare laterală se produce când două persoane stau una alături de alta, una dintre ele cuprinzând-o pe cealaltă sau amândouă cuprinzându-se cu brațele și strângându-se la piept. Acest tip de îmbrățișare este folosit deseori de persoanele îngrijorate că gesturile lor afectuoase ar putea fi interpretate greșit – un bărbat, de exemplu, și-ar putea îmbrățișa prietenul în acest fel deoarece nu vrea ca cineva să creadă că este homosexual sau

*Îmbrățișarea laterală*

*Îmbrățișarea concavă*

șeful și-ar putea îmbrățișa în acest fel secretara pentru că nu vrea să lase impresia că îi face avansuri.

• *îmbrățișarea frontală completă*

Aceasta este o îmbrățișare adevărată – una în care corpurile celor două persoane se suprapun complet. Cei care doresc să își exprime afecțiunea reciprocă și care nu își fac griji pentru ce cred ceilalți despre ei preferă acest tip de îmbrățișare.

• *îmbrățișarea tip semilună*

O îmbrățișare tip semilună apare când două persoane stau față în față în timp ce se strâng în brațe, dar corpurile lor se suprapun numai parțial. Este folosită de cei care sunt îngrijorați de deducţiile cu conţinut sexual care ar putea fi făcute despre o îmbrăţişare frontală completă.

• *îmbrăţişarea dreaptă*

Gradul de confort al persoanelor care se îmbrăţişează poate fi observat urmărind ce se întâmplă cu pelvisul şi care este poziţia picioarelor lor. Cei care se angajează complet în acest gest şi care nu încearcă să îl exploateze pentru alte scopuri au de obicei o poziţie perfect dreaptă, astfel încât corpul lor să fie într-un contact total sau aproape să se atingă cu cel al partenerului.

• *îmbrăţişarea concavă*

Persoanele care ezită să îmbrăţişeze pe cineva tind să îşi arate sentimentele rămânând cu picioarele depărtate. Acest lucru reduce şansele de contact ale corpului lor cu corpul celeilalte persoane. Poziţia pelvisului este un alt indicator extrem de important, deoarece o persoană care nu se simte confortabil îmbrăţişându-se, tinde să îşi tragă pelvisul înapoi.

• *îmbrăţişarea convexă*

Când cineva vrea să arate că este atras de persoana pe care o îmbrăţişează, de obicei îşi apropie tălpile şi împinge pelvisul spre ea. Deoarece majoritatea contactelor sociale „oficiale" au loc de la piept în sus, poziţia tălpilor şi a şoldurilor în timpul îmbrăţişării poate fi observată de persoana care participă la gest, dar este rareori remarcată de alte persoane. Pentru cel care caută indicatori totuşi, aceste două elemente sunt o sursă foarte bogată de informaţii despre ce se petrece „neoficial" între cei doi.

• *bătutul pe umăr*

Unde îşi pun oamenii mâinile şi ce fac cu ele în timpul îmbrăţişării este un alt element foarte important. Majoritatea oamenilor apucă sau învăluie cealaltă persoană cu braţele. Cu cât sentimentele lor sunt mai intense faţă de persoana respectivă, cu

*Bătutul pe umăr*

*Îmbrățișarea convexă*

atât ține mai mult îmbrățișarea. Observând persoanele care se îmbrățișează este surprinzător numărul uimitor de mare al îmbrățișărilor urmate de mai multe bătăi pe spate – de obicei, numai din partea unuia și nu a ambilor parteneri. Bătutul pe spate este un gest foarte grăitor pentru că pare o formă de încurajare și așa suntem înclinați să îl considerăm. Totuși, adevăratul său scop este de a semnala sfârșitul îmbrățișării — este o cerere de „eliberare".[78]

---

[78] Peter Collett, *Cartea gesturilor*, traducerea Alexandra Borș, Editura Trei, București, 2005, p. 151–152.

**Sărutul**

Unele societăţi au reguli stricte despre cum trebuie să se salute două persoane, în funcţie de sex, vârstă şi statutul lor social. „Lucrurile mărunte, ca felul în care cineva salută, pot avea deseori un impact enorm asupra felului în care sunt văzuţi oamenii. În general există două feluri de săruturi:

• *sărutul pe obraz*

Acestea sunt de obicei săruturi sociale şi sunt folosite la sosire şi la despărţire.

• *sărutul pe gură*

De obicei, se întâlnesc într-un context romantic sau sexual. Totuşi există cazuri când sărutul pe gură face parte dintr-un ritual de salut. Felul în care oamenii se sărută social pe obraz ne spune foarte mult despre personalitatea lor, despre atitudinea pe care o au faţă de celălalt şi despre părerea lor faţă de acest fel de salut.

• *sărutatul mâinii*

Înainte de al Doilea Război Mondial era ceva obişnuit în Europa ca bărbaţii să salute femeile sărutându-le mâna. Această practică a dispărut la tineri, dar mai există încă unele persoane în vârstă care au păstrat obiceiul de a săruta mâna unei femei când o întâlnesc.

• *sărutul pe frunte*

A săruta pe cap sau pe frunte este un alt mod unilateral de a săruta pe cineva – este felul în care părinţii îşi sărută copiii şi este folosit şi ca o formă de binecuvântare. Dacă cineva te sărută pe frunte, arată că are faţă de tine o atitudine protectoare.

• *sărutul pe obraz*

Săruturile sociale sunt de obicei săruturi pe obraz. În ţările în care convenţia s-a înrădăcinat, toată lumea ştie din care parte

*Sărutul pe obraz*

*Sărutul pe gură*

*Sărutatul mâinii*

*Sărutul pe frunte*

*Sărutul în aer*          *Sărutul fals*

trebuie să înceapă și câte săruturi trebuie să dea. În țări ca SUA, Marea Britanie și Australia, unde obiceiul sărutului mai evoluează încă, oamenii, de multe ori nu știu cu care obraz să înceapă și de câte ori să-l sărute pe celălalt.

• *sărutul în aer*

Când două persoane se sărută aparent pe obraz, uneori ratează ținta și ajung să sărute în aer. Aceste săruturi „în aer" sunt de două feluri – „săruturi ratate", în care obrajii persoanelor se ating, dar buzele nu se ating cu obrazul partenerului, și „săruturi mimate", în care persoana face gestul fără niciun fel de contact fizic. Săruturile mimate apar când oamenii nu se simt în largul lor în contact fizic și ambele tipuri de săruturi în aer sunt des întâlnite în rândul femeilor care nu doresc să își strice machiajul sau să lase urme pe obrazul celeilalte persoane.

• *sărutul fals*

Dacă urmăriți două persoane care schimbă un sărut social, veți observa că există persoane care doar își apropie obrazul de cel al partenerului, fără ca măcar să strângă buzele, cu atât mai puțin să mimeze sărutul. Aceste „săruturi false" se pretind săruturi reale, dar nu oferă nimic mai mult decât obrazul. Ele tind să fie practicate de persoane pasive din fire, care preferă să fie sărutate în loc să sărute.

Interesant este că persoana cealaltă de obicei nu observă – numai cei din jur văd ce se întâmplă.

• *sărutul sonor*

Unele săruturi pe obraz sunt fără sunet, în timp ce altele includ un zgomot perceptibil. Alte săruturi sunt însoțite de vocalizări sonore ca „mua!". Uneori acestea sunt interpretate ca semne de apreciere, iar în alte ocazii ca glume. Dar în ciuda acestor exagerări și a râsului care le însoțește, sunetele scoase sunt în realitate sunete de disconfort emise de persoane care vor să se distanțeze de gestul făcut, luându-l în glumă."[79]

### h. Mișcări ale corpului
### Corpul

Mișcările mâinii ca și cele ale ochilor tind să fie controlate conștient. Din acest motiv, mișcările mâinii nu sunt o sursă sigură de informații despre minciună. Există totuși și alte părți ale corpului care se află sub control conștient, dar pentru că sunt trecute cu vederea sau neglijate, oferă deseori mai multe informații despre înșelătorie.

Cercetările arată că atunci când li se cere să mintă, oamenii tind să producă mai mulți indicatori în partea inferioară a corpului. Când un alt grup este rugat să evalueze înregistrările video cu aceste persoane și să spună dacă mint sau sunt sincere, evaluările sunt mai exacte dacă imaginea arată partea inferioară a corpului. Categoric, picioarele și corpul sunt o sursă de informație destul de neglijată în cazul minciunii. Se pare că mincinoșii

---

[79] Peter Collett, *op. cit.*, p. 154–156.

își concentrează eforturile de camuflare asupra palmelor, brațelor și feței, pentru că știu că interlocutorii lor vor urmări în special aceste zone. Deoarece picioarele se află mai departe de aceste arii pe care se concentrează atenția persoanei, mincinoșii nu își bat capul prea mult cu ele – astfel, deseori, mici modificări ale poziției picioarelor și tălpilor îi dau de gol.

## Mersul

Când oamenii merg, brațele lor se balansează, formând un arc în planul sagital – adică planul paralel cu mișcarea corpului prin spațiu. Întinderea arcului de cerc înainte și înapoi oferă un indicator al vigorii, pentru că oamenii tineri tind să își balanseze brațele mai mult în față și în spate, parțial pentru că se mișcă mai repede decât oamenii în vârstă. Balansarea brațelor la dreapta și la stânga ajută de asemenea la crearea impresiei de putere masculină. Există doi factori care joacă un rol aici – unul este diferența dintre bărbați și femei și celălalt este efectul exagerat al exercițiilor de forță asupra mersului.

Când bărbații și femeile stau în picioare, există tendința ca brațele bărbaților să se întoarcă ușor spre interior – fenomen pe care psihologii îl numesc „pronație" – și ca brațele femeilor să se întoarcă ușor spre exterior – „supinație". Această diferență între sexe se datorează în parte faptului că femeile își pot duce brațele în spate din cot mai mult decât bărbații. Este „unghiul de întoarcere" și a fost explicat prin faptul că femeile au șolduri mai mari decât bărbații și petrec mai mult timp cu copiii în brațe.

Deoarece femeile au un unghi de întoarcere mai mare decât bărbații, brațele lor se pot deplasa în spate mai mult decât ale bărbaților. Pentru a se diferenția de femei și a-și sublinia mas-culinitatea, bărbații amplifică mișcarea spre înainte. Un alt motiv

*Mersul*

pentru care bărbaţii au o mişcare de pronaţie este faptul că muşchii latissimus dorsi de sub braţe sunt mai dezvoltaţi. Acest lucru are un efect asemănător cu mişcarea umerilor în faţă şi rotirea braţelor spre interior, ceea ce este foarte vizibil la culturişti. Deoarece culturiştii au deltoizii şi muşchii latissimus dorsi supradezvoltați, brațele lor au mișcarea de pronație mai mare decât la majoritatea oamenilor, iar distanța dintre brațe și piept este accentuată, dându-le un aspect mai apropiat de cel al simienilor. De asemenea, pentru că au coapsele supradezvoltate, culturiștii tind să aibă un mers mai săltat, aruncându-și picioarele în exterior când avansează.

„Pentru evaluarea mersului propriu, ca și al altora, este bine de știut că lungimea medie a unui pas simplu – distanța dintre călcâiul piciorului în contact cu solul și vârful celuilalt picior – este de 0,65 m la bărbați și de 0,50 m la femei, că viteza mersului este de 110-130 de pași simpli pe minut – aproximativ 5-6 km pe oră. De asemenea, ar trebui să știm că în mod normal lărgimea pasului – distanța dintre călcâi și linia de marș – este de circa 5-6 cm, iar vârfurile picioarelor au o deschidere de 12-13 cm."[80]

### i. Aspectul exterior

Dacă haina nu îl face pe om, cel puțin ea îl reprezintă foarte bine ca persoană cu o anumită poziție în ierarhia socială. Îmbrăcămintea, podoabele, accesoriile vestimentare comunică apartenența persoanei la genul biologic – bărbat/femeie, la o clasă de vârstă – tânăr/matur/bătrân, la o categorie socioeconomică – țăran/orășean; patron/muncitor, la o profesie sau alta – militar, preot. Este imposibil să fii îmbrăcat și să nu transmiți celorlalți cine ești și cum percepi tu lumea.

Când analizăm vestimentația în contextul comunicării non-verbale trebuie să luăm în considerare determinările geografice, culturale și istorice. De la Polul Nord la Ecuator, oamenii își

---

[80] Septimiu Chelcea, *Loredana Ivan și Adina Chelcea, Comunicarea nonverbală: gesturile și postura*, Editura Comunicare.ro, București, 2005, p. 157.

protejează corpul împotriva gerului sau a căldurii excesive: îmbracă haine adecvate, diferite în ceea ce priveşte materialele – blănuri, stofe, voaluri; culoarea – reflectantă sau absorbantă a razelor solare; croiala – strânsă pe corp sau lejeră.

Istoria îşi spune şi ea cuvântul. Îmbrăcămintea din Europa Occidentală de azi, de exemplu, abia dacă mai aminteşte de cea din Evul Mediu, când majoritatea populaţiei se mulţumea cu un minimum de veşminte, adesea cu un singur rând de haine şi ceva lenjerie de corp. Stofele şi culoarea erau calitativ mediocre; croiala rudimentară, strâmtă. Portul feminin se distinge acum cu uşurinţă; înainte, el se deosebea doar printr-o lungime ceva mai pronunţată, printr-o aranjare a pieptănăturii şi alegerea unor stofe colorate ce caracterizează feminitatea. Determinarea culturală a hainelor poate fi urmărită prin semnificaţia culorilor, diferită de la o societate la alta.

Gilson Monteiro, profesor la Universitatea din Amazonas – Brazilia, spunea că „haina reprezintă oglinda sinelui, marchează separarea dintre clasele sociale". Mai mult, hainele, care sunt în egală măsură pentru a acoperi goliciunea trupului şi pentru exprimarea sinelui, oferă indicii despre caracteristicile psiho-morale ale persoanelor, dar şi despre grupurile sociale.

Teoriile culturologice şi sociologice au dat o explicaţie suprasimplificată motivelor pentru care oamenii se îmbracă. Îmbrăcămintea nu este motivată numai de decenţă, pentru împodobire sau protejare, corporală sau – aşa cum susţine teoria unilaterală oferită de Freud – numai de motive sexuale. Îmbrăcămintea este motivată în primul rând de environment.

Totuşi, chiar dacă scopurile îmbrăcămintei sunt determinate de condiţiile de mediu, forma îmbrăcămintei este determinată de caracteristicile personalităţii şi, în special, de caracteristicile mintale. Forma îmbrăcămintei este influenţată de mediul fizic şi de condiţiile sociale, incluzând relaţiile sexuale, costumaţia – moda, castele, clasele sociale şi relaţiile religioase, metafizice sau alte relaţii suprasenzoriale. Îmbrăcămintea este fundamentală în lumea emoţiilor. Nu este numai un mod de acoperire a corpului, ci şi un fel de imitaţie prin care oamenii exprimă unele dintre sentimentele sociale subiective.

### j. Aspectele nonverbale ale vorbirii – paralimbajul

„Domeniul comunicării vocale nonverbale cuprinde două categorii de fapte: pe de o parte o sumă de sunete nearticulate – oftatul, plescăitul, tusea, plânsul, fluieratul –, produse în majoritate pe cale vocală, şi, pe de altă parte, ansamblul trăsăturilor muzicale ale rostirii – înălţime, intensitate, timbru, tempo. Şi aici vedem reprezentate cele două mari clase de elemente ale limbajului nonverbal, indiciile şi semnalele."[81]

În studiul comunicării nonverbale, aspectele legate de caracteristicile vocii sunt denumite „paralimbaj" sau „vocalică". Termenul de „elemente extralingvistice" este mai general decât cel de „paralimbaj", incluzând şi manifestări ca plânsul, râsul, tuşitul etc. Aceste manifestări transmit informaţii despre emiţător, despre personalitatea sau starea sa de spirit în timpul conversaţiei. Din acest punct de vedere distingem:

• *caracteristicile fonice ale vocii: intonaţia, intensitatea, timbrul, accentul;*

• *râsul, plânsul, respiraţia;*

• *repetarea inconştientă a unor sunete, adesea arătând angoasa sau neliniştea;*

---

[81] Carmen Secară, *Comunicare şi relaţii publice,* curs universitar, Ed. SITECH, Craiova, 2009, p. 74.

• *articularea cuvintelor și intonația;*

• *ritmul, debitul vorbirii, structurarea vorbirii în timp, pauzele.*

Intonația – cercetătorii au studiat reacțiile agresive generate de apelurile telefonice greșite, în funcție de caracteristicile apelului – modul de adresare, conținutul comunicării și tonul vocii. S-a constatat că modul de adresare pe un ton agresiv, în cazul unui apel telefonic greșit provoacă răspunsuri mai agresive din partea persoanei deranjate decât adresarea politicoasă, pe un ton cald, prietenos. Cei vechi spuneau „Vorbirea blândă domolește mânia". J. S. Kleinfeld, cercetând experimental efectele comunicării nonverbale calde – prietenoase și ale comunicării neutre asupra procesului de învățământ, a ajuns la concluzia că, alături de alți factori, caracteristicile vocalice au contribuit la sporirea randamentului studenților, la sporirea performanței lor în achiziționarea cunoștințelor. Concluziile acestui studiu au aplicativitate directă: stilul „călduros" de comunicare nonverbală intervine pozitiv în activitatea de învățare.

Deși nu au niciun conținut, pauzele din actul vorbirii transmit informații despre caracteristicile psihologice ale emițătorului sau despre intențiile receptorului, despre natura relațiilor interpersonale sau despre contextul sociocultural în care se desfășoară comunicarea. Ca semnal paralingvistic, pauzele pot fi inconștient realizate, dar și intenționate. Unii oameni doresc să atragă atenția asupra a ceea ce spun ridicând tonul; alții o fac mai subtil, prin întreruperea comunicării, făcând pauze înaintea cuvintelor pe care vor să le sublinieze.

# CAPITOLUL III. COMUNICAREA NONVERBALĂ A PERSONALITĂȚILOR. STUDIU DE CAZ: „DINCOLO DE APARENȚE... "

## 3.1. Ilie Moromete

Pentru a se putea analiza atitudinea unei/unor persoane, aspecte ale comportamentului datorat comunicării nonverbale – interferată cu cea verbală – este nevoie de precizarea și definirea indicatorilor comportamentali – autentici sau falși, indicatori transpuși în alte contexte, de dominație sau indicatori care ne dau de gol. Am amintit doar câteva aspecte, pentru a încerca să proiectez o anumită imagine despre protagonistul din romanul „Moromeții" de Marin Preda, erou pe care, din punct de vedere al comunicării cu familia, cu vecinii, cu prietenii, cu indivizii cu care el are relații, îl consider complex și complet, ținând seama de conjunctura socială din momentul dat.

Indicatorii comportamentali din viața de zi cu zi au un conținut ridicat de informație. Felul în care un individ stă când vorbește cu cineva, felul în care își mișcă picioarele și mâinile, corpul, trupul, ochii și sprâncenele spun multe despre gradul de implicare în conversație și despre atitudinea fundamentală față de celălalt.

Felul în care își țin brațele și picioarele persoanele antrenate în conversație oferă o multitudine de informații despre dispoziția

*Ilie Moromete*

şi intenţiile acestora, arată dacă se simt dominanţi sau supuşi, preocupaţi sau plictisiţi, implicaţi sau detaşaţi.

În viziunea lui Peter Collett, exprimată în „Cartea gesturilor", un „indicator fundamental trebuie să satisfacă patru condiţii:

• *trebuie să fie un tip de activitate;*

• *acţiunea trebuie să transmită un lucru care să nu fie direct observabil – trebuie să ne comunice mediul de provenienţă sau educaţia, gândurile, dispoziţia sufletească sau intenţiile;*

• *acţiunea trebuie să fie observată – mişcările largi, expansive ale corpului, de exemplu, au o probabilitate mai mare de a atrage atenţia. Mai ales atunci când sunt vizibile mai mult timp. Mişcările mici, pasagere, pe de altă parte sunt deseori ignorate fie pentru că nu sunt mult timp observabile, fie pentru că sunt eclipsate de alte acţiuni.*

• *semnificaţia acţiunii trebuie să fie recunoscută. Nu este suficient să observăm că cineva a adoptat o anumită postură sau a folosit o expresie facială neobişnuită. Trebuie să şi recunoaştem ce ne comunică postura sau expresia respectivă despre persoana din faţa noastră.”*[82]

„Un gest este o acţiune care-ţi spune multe despre ceea ce gândeşte cineva – chiar dacă persoana însăşi nu este conştientă de acest lucru. Gesturile sunt extrem de edificatoare.”[83]

Voi reveni asupra explicaţiilor sensurilor şi semnificaţiilor unor tipuri de indicatori specifici comunicării în cazul lui Ilie Moromete. Dar pentru a le da un sens şi pentru a le înţelege este necesar să mă refer, în mare, la conjunctura socială, la familie şi la mediul din care provine şi în care trăieşte protagonistul, fără a face însă o analiză literară.

„Moromeţii” conţine, în aproape o mie de pagini, povestea unei familii de ţărani din Câmpia Dunării, care cunoaşte de-a lungul unui sfert de secol o adâncă şi simbolică destrămare.

---

[82] Peter Collett, *Cartea gesturilor,* traducerea Alexandra Borş, Editura Trei, Bucureşti, 2005, p. 15–16.
[83] Ibidem.

În punctul ei inițial, acțiunea este plasată la câțiva ani înaintea celui de-al Doilea Război Mondial, când timpul părea foarte răbdător cu oamenii, iar viața se scurgea fără conflicte mari. În spațiul epic al lui M. Preda, funcția acestui timp este însă paradoxală. El nu mai are răbdare și va produce în sânul țărănimii schimbări fulgerătoare, care pun în cumpănă însuși destinul ei milenar.

Primele pagini sunt construite în perfectă concordanță cu timpul sugerat și un sfert din volumul I se petrece de sâmbătă seara până duminică noaptea, adică de la întoarcerea Moromeților de la câmp până la fuga Polinei cu Birică, cele două personaje nefăcând obiectul prezentului studiu, decât în situația unor relații semnificative ale acestora din punct de vedere al comunicării nonverbale cu Ilie Moromete.

Scriitorul decupează scene de o mare simplitate și narează lent, stăruind asupra fiecărui amănunt, gest sau replică. Totul se desfășoară parcă după un tipic anume, nimic nu e spontan, în așa fel încât impresia de ceremonial e stăruitoare, ca și cum țăranii s-ar orienta în cele mai elementare mișcări ale lor după o ordine prestabilită, după un cod străvechi.

Există în roman momente majore și semnificative, în care Ilie Moromete se mișcă, se exprimă, acționează, gândește, comunică, toate acestea definindu-i caracterul, etalându-i temperamentul ori trădându-i gândurile ascunse.

Un prim moment îl constituie sosirea Moromeților de la câmp și preocupările fiecărui membru al familiei:

„Rămas singur în mijlocul bătăturii, Moromete, tatăl, trăsese căruța sub umbra mare a celor doi salcâmi de lângă poarta grădinii și apoi ieșise și el la drum cu țigara în gură."[84]

---

[84] Marin Preda, *Moromeții*.

Fumatul este manifestarea exterioară a unei neliniști sau a unui conflict interior și are puțin de-a face cu savurarea nicotinei. Face parte din acele activități adiționale la care recurg oamenii în condițiile unei puternice presiuni sociale, pentru a micșora tensiunile create de diferitele conflicte.

La Moromete, gesturile care țin de fumat au un rol important în aprecierea atitudinii sale, mai ales când acestea se petrec în mod previzibil, asemenea unui ritual, furnizând date importante asupra acestei atitudini. Când iese pe stănoaga de la poartă, țigara îi trădează o stare de liniște, de dorință de a comunica, de superioritate parcă, dar și de neliniște, în momentul în care se întâlnește cu Bălosu, vecinul său.

Țigara reprezintă și o încercare de eliminare a tensiunii interioare și face posibilă tragerea de timp, deși, fumătorul ajunge repede la o concluzie.

Când apare agentul cu fonciirea, Ilie Moromete, pe lângă alte gesturi și acțiuni, cere o țigară, pentru a se mai liniști, pentru a mai trage de timp, trădându-și astfel o atitudine negativă față de această împrejurare:

„Dă-mi, mă, o țigare!

Omul își scoase repede tabacherea și i-o întinse.

— Fonciirea pământului (...) Moromete în acest timp își răsucise țigarea, își ridică fruntea la agent, se uită la el întrebător, apoi spuse:

— Catrino sau Tito, care ești în tindă, dă-mi un foc! (...)

— De unde să plătesc dacă n-am! răspunse Moromete pe gânduri, căutându-și iar în buzunarul flanelei. Mai dă-mi, mă, o țigare, îngână el iar.”[85]

---

[85] Ibidem.

Necesitatea celei de-a doua țigări simbolizează o hotărâre, aceea de a plăti ceva, dar și o mare îngrijorare.

Indicatorii autentici arată ce se întâmplă în realitate în mintea oamenilor. Ei revelează deseori lucruri pe care autorul nu ar dori să le știe ceilalți despre el și pe care, în unele cazuri încercă deliberat să le ascundă de alții. Totuși există acțiuni care vor să treacă drept indicatori comportamentali fără să fie, acțiuni care pretind că trădează adevăratele intenții ale persoanei, fără să fie de fapt așa. Acestea nu sunt „semnale" reale, sunt „semnale false."

Indicatorii autentici apar de multe ori în situațiile în care Moromete vrea să inducă în eroare, vrea să pară mai dominant, mai nepăsător, mai curajos, mai sigur pe el decât este în realitate, atunci când încearcă să-și ascundă adevăratele intenții.

Indicatorii comportamentali falși par să indice despre eroul lui M. Preda un anumit lucru, dar nu o face – în anumite situații – pentru că se preface, încercând deliberat să-i facă pe alții să tragă concluzii greșite despre gândurile sau sentimentele lui.

De exemplu, timbrul vocal coborât, calm, induce în eroare, deoarece Ilie este foarte neliniștit pentru că simte, vede cum cei trei fii nu-l mai ascultă, cum nevoile îl depășesc și cum interiorul îi vibrează de griji:

„– Ce mai faci, Moromete? Ai terminat, mă, de sapă?

– Da, am terminat.... Tu mai ai, mă, Bălosule?

– Am terminat și eu. (...) Ce faci, Moromete, te-ai mai gândit? Îmi dai salcâmul ăla?

– (...) Poate am să ți-l vând... poate n-o să ți-l vând...

(...) Dacă dă ploaia asta, o să fac o grămadă de grâu, Tudore!"[86]

---

[86] Marin Preda, *Moromeții.*

Un alt moment edificator al indicatorilor comportamentali amintiți îl constituie descoperirea pe prispa sa a celor doi agenți: „Moromete trecea pe lângă prispă fără să-i privească, strigând-o pe Catrina, deși o știa la biserică." Este un comportament fals, pentru a-i induce în eroare pe cei doi străini, pentru a-i determina să creadă că nu i-a văzut sau că nu-i pasă:

„– Catrino, ia, fă, secerile astea! (...) Moromete se întoarse apoi spre grădină cu spatele la agent și însoțitorul acestuia și strigă iarăși, ca și când cei doi de pe prispă nici n-ar fi existat. (...) Moromete mai rămase câteva clipe cu spatele întors spre cei doi de pe prispă, apoi deodată se răsuci pe călcâie și strigă:

– N-am!"[87]

Apropierea sau ostilitatea dintre două persoane se poate citi prin intermediul contactului vizual sau prin refuzul de a privi. De multe ori, în discuțiile cu prietenii sau cunoscuții utilizăm expresii precum: „are o privire iscoditoare", „se uită cu invidie", „se citește răutatea în ochii lui", „îi râd ochii". În funcție de starea sufletească, pupilele se pot contracta (în cazul unei stări negative) sau dilata (în cazul unei stări pozitive) sau se observă refuzul de a comunica prin întoarcerea capului sau a spatelui.

„Iată că se ivise totuși cineva. Moromete ridică fruntea și îl văzu pe vecinul său din spatele casei apropiindu-se de podișcă. Se uită numai o dată la el, apoi începuse să se uite în altă parte; se vedea că nu o astfel de apariție aștepta."[88]

Privirea lui Moromete ațintită asupra vecinului este expresia iritării, când este întrebat dacă-i vinde salcâmul ori nu.

Ignorarea celor doi agenți de la fonciire îi creează lui Moromete impresia că nu l-au văzut, fără să știe că tocmai acest

---

[87] Ibidem.
[88] Marin Preda, *op. cit.*

gest îi trădează lipsa banilor. „Moromete se apropie de prispă tăcut. Acum se uita în altă parte, întocmai ca şi când n-ar fi auzit nimic din ceea ce i se spusese."

Sunt şi alte scene antologice, adevărate documente de viaţă ţărănească, asupra cărora este necesar să ne oprim, din care comportamentul, atitudinea, comunicarea lui Ilie Moromete trebuie remarcate în deplină concordanţă cu grupul său relaţional. Cina familiei sale, de exemplu, îi scoate în evidenţă, mai ales prin comunicarea nonverbală – gesturi, privire, poziţia corpului, tăcerea – anumite trăsături de caracter şi, analizând cu atenţie din punct de vedere psihologic, ne dăm seama că este o persoană fermă, dominantă, chiar de temut, dar, şi de faptul că are o dorinţă arzătoare, că există la el un conflict interior pe care nu poate să-l aplaneze datorită conflictelor exterioare – dintre generaţii şi cele de ordin social. Gesturile şi tăcerea prelungită, dar şi nervozitatea, nerăbdarea, trădează neputinţa sa de a-şi menţine familia unită şi de a-şi păstra pământurile pe care le are. Mersul său apăsat, cu paşi largi, expresia jovială a feţei sale când se întâlneşte cu prietenii, simbolizează mai mult speranţa că toate se vor aşeza pe un făgaş dorit de el.

La începutul operei, mai ales limbajul trupului său, expresia feţei şi mersul apăsat exprimă siguranţă, hotărâre, încredere, până în momentul în care descoperă că fiii cei mari îl trădează, că nu poate să realizeze nimic din ceea ce şi-a propus. Hotărârea însă de a lupta în continuare şi demnitatea omului simplu şi mai răsărit printre ceilalţi este observată în mişcări, în privire, deşi, mai târziu merge alene şi îngândurat, iar privirea sa nu se mai concentrează asupra persoanelor cu care comunică. De fapt, nu mai doreşte comunicarea cu sătenii, nu mai iese pe stănoaga de la poartă – acestea fiind însă tot forme ale unor modalităţi de comunicare, pe care mi-aş permite să le asociez cu comunicarea nonverbală, denumindu-le modalităţi de comunicare nonverbală prin noncomunicare – refuzul voit de a comunica şi nevoia de singurătate.

După fuga fiilor la Bucureşti: „Moromete stătea pe pat, cu fruntea lui bombată aplecată spre genunchi" (semnificaţia înfrângerii, a regretului, a suferinţei), „cu coatele înfipte în păturile aşternutului. După un scurt timp de tăcere, el se ridică şi se uită la fiecare copil în parte," (certitudine a dezamăgirii) „apoi spuse încet şi căutând să pară cât mai liniştit şi mai netulburat."[89]

Gestul său de a părăsi locul acela al suferinţei, coroborat cu concluzia verbală „ – Da! Bine! Vedeţi-vă de treabă" scoate în evidenţă tăria sa de caracter şi hotărârea de a merge mai departe.

„(...) Cu toată aparenţa de nepăsare, Moromete nu mai fu văzut stând ceasuri întregi pe prispă sau în drum pe stănoagă. Nici nu mai fu auzit răspunzând cu multe cuvinte la salut. Nu mai fu auzit povestind. Lupta pentru apărarea vechilor lui bucurii se sfârşea."[90]

Disimularea lui Moromete nu este numai reacţie defensivă, ea îi devine o a doua natură, pentru că, deşi este un tip jovial, de o mare curiozitate intelectuală, constructiv în intenţii, are un comportament bizar, mascat, realizat mai ales prin comunicarea nonverbală. Adevărata lui fire trebuie dedusă din gesturi şi reacţii care o contrazic. Celor din jur „le pare ca un om sucit, cu toane, imprevizibil, închis într-o meditaţie a sa obscură şi impenetrabilă" – afirmă criticul literar Crohmălniceanu.

Atitudinea lui Moromete creează un sentiment de înstrăinare, de o dureroasă intensitate, observabil mai ales în

---

[89] Ibidem.
[90] Marin Preda, *Moromeţii*.

relațiile lui cu cei șase copii pe care-i iubește, dar își cenzurează orice înduioșare față de ei.

Una dintre multele iluzii ale lui Moromete este credința lui în posibilitatea de a comunica. El bănuiește că oamenii îl înțeleg sau cel puțin nevasta și copiii îl înțeleg și nu-și poate reprima mirarea când aceștia îl interpretează altfel decât se știe el.

Moromete ia cunoștință de timpul care „nu mai are răbdare cu oamenii", în urma unei tragice experiențe care îi modifică psihologia. Muțenia în care alunecă e o stare de criză și, în mod simbolic, o dispariție: „(...) am crescut șase copii și le-am ținut pământul, (...) că n-au vrut să-l muncească, ce să le fac? (...) din fapte ei o să vază că tu nu ești nici deștept și nici n-ai ce să le spui (...). Or să-și șteargă picioarele pe tine, că n-ai știut să faci din ei oameni."[91]

Concluzia: atitudinea, caracterul, temperamentul, comportamentul lui Moromete sunt expresia unei comunicări pe care eroul a dorit-o integră, a unei comunicări verbale și nonverbale, expresia unei clase sociale, a unei întregi civilizații, care dispare odată cu el, expresia unor experiențe și a unei înțelepciuni care nu pot fi înlocuite de utopiștii comunismului, de burghezia proletară: „Din Moromete cunoscut de ceilalți rămase doar capul lui de humă arsă, (...) care acum privea netulburat de pe polița fierăriei lui Iocan la adunările care încă mai aveau loc în poiană."[92]

---

[91] Ibidem.
[92] Marin Preda, *Moromeții.*

## 3.2. Nicolae Ceauşescu

Am specificat în lucrarea de faţă faptul că atitudinea unui individ depinde în mare măsură de comunicare, de temperamentul şi caracterul lui, de împrejurările sociale în care acesta se găseşte. Noi nu comunicăm fără un anumit scop, iar aria comunicării constă în adaptarea la o situaţie sau la un context. Situaţia are o istorie şi caracteristici particulare care o vor face diferită faţă de oricare alta.

În mod sigur, pentru a comunica, în general, noi învăţăm să recunoaştem anumite similitudini ale situaţiilor, în aşa fel încât să învăţăm din experienţele proprii, lucru esenţial, deşi, această esenţă experimentală poate fi dăunătoare. Luăm contact cu o anumită persoană, se comportă frumos, ne formăm o imagine, ca în altă situaţie să fim dezamăgiţi de schimbarea comportamentului său.

Analiza unei psihologii, a unei stări de autoiluzionare şi a consecinţelor ei se completează cu studiul mecanismului social şi al „comediei umane".

Într-un timp istoric anumit, în societatea românească de tip capitalist, când puterea banului îl punea pe om în situaţia de a face din orice producţie a sa o marfă, în România năvăleşte cu violenţă un alt tip de relaţii, care atrag două momente istorice succesive: reforma agrară din 1945, cu prefacerile pe care ea le aduce şi transformarea „socialistă" a agriculturii şi economiei după 1949, fenomene abuzive şi foarte violente, mai ales cu ţăranii, care asistă la un fenomen ameninţător, la o adevărată „spargere" a satului, pentru ca mai târziu, această pătură socială

*Nicolae Ceauşescu*

să dispară în negura dogmei leninist-staliniste. Este momentul cheie al transformărilor care atrag consecinţe dramatice ale existenţei individuale şi colective.

Istorici şi oameni de literatură, psihologi şi sociologi analizează acest proces istoric, oprindu-se mai ales la destrămarea celei mai vechi clase sociale româneşti, a satului tradiţional, lume organică, purtătoare a unei civilizaţii milenare, dar ajunsă într-un ceas de crepuscul. Legile implacabile ale istoriei în universul considerat anistoric al satului tradiţional, va duce nu numai la modificarea structurii lui, la degradarea elementelor arhaice, dar şi la transformarea şi la dispariţia vechilor instituţii rurale, a unor relaţii şi convenţii sociale, a unui cod etic şi a unei filozofii. Criza satului arhaic se reflectă chiar în conştiinţa celor care îl reprezintă, în aşa fel încât substanţa comportamentului acelora va deveni tragedia unei umanităţi pe cale de dispariţie şi această perioadă va fi înregistrată în istorie ca „era ceauşistă".

Toate biografiile reverenţioase ale „erei ceauşiste" îl descriu pe Nicolae Ceauşescu în termeni legendari, ca fiind geniu precoce, hotărât încă din copilărie să repare nedreptăţile sociale. În schimb, la şcoală era codaş, provenea dintr-o familie numeroasă cu treisprezece fraţi, era lipsit de educaţie, leneş în a învăţa o meserie, bâlbâit, neputând să se exprime.

Plecat la Bucureşti pentru a învăţa meseria de cizmar, Nicolae Ceauşescu alege calea ascensiunii, primele contacte cu el formându-ţi impresia că ar fi un tânăr hotărât şi de nădejde. Îi plăcea însă ca în jurul său să vuiască mulţimea şi să fie în centrul atenţiei. Când a fost arestat, a dat dovadă de nelinişte, neastâmpăr, obrăznicie, creând o stare de nemulţumire, iar sentinţa a fost aspră. Avea un mod violent de a vorbi, iar în comunicare trebuia să aibă dreptate. Tremurul corpului, al mâinilor – atunci când era contrazis – mişcările largi ale braţelor, privirile insistente şi aţintite asupra celor cu care comunica scoteau in evidenţă hotărârea de a urca în ierarhia socială, precum şi un temperament violent. Din datele şi caracterizările adevăratului său temperament şi caracter, se pare că, tânăr fiind, era foarte curajos şi devotat cauzei.

Criza prin care trecea omenirea României este exprimată prin gesturi scurte, prin priviri iscoditoare, cu rotiri lente ale capului, prin zâmbetul transformat în rânjet, prin asigurarea că nu i se va întâmpla nimic, toate acestea denunțându-i încăpățânarea, megalomania, nepăsarea față de populație, dar și teama că va fi trădat.

La începutul carierei sale politice, toată comunicarea nonverbală inspira devotament, încredere, sinceritate, tiranie pentru cauza căreia i se dedicase; afișa prin gesturi, prin poziția capului și corpului, hotărârea de a transforma în mai bine viața gloatei care începuse să-l urmeze doar la sesizarea unei mișcări a capului sau a ochilor.

Perioada de mijloc (anii '70 – '80) – a exprimat o oarecare siguranță, mulțumirea că a dat o anume bunăstare populației. Își făceau însă apariția gesturile de despot – brațele larg deschise, cu palmele întinse către populație, simbolizau dorința sa de a reduce gloata la tăcere, cu energie și cu falsul surâs pe care-l afișa, știind că „era legat în taină" de acești „proști, dar mulți".

De multe ori, președintele Republicii Socialiste România transmitea semnale incongruente, desigur, fără să-și dea seama. Cei care au trăit în „epoca de aur" – cum era supranumită „epoca Ceaușescu" – își amintesc că „iubitul conducător" îi îndemna „să facă totul" pentru a aduce România „pe culmi de civilizație și progres", pentru ca toți oamenii muncii: români, maghiari, germani și alte naționalități.... Auzindu-l, oricine i-ar fi putut crede internaționalismul declarat, dar gesturile îi contraziceau mesajul verbal. În timp ce rostea – cu pauze prelungite între cuvinte – „români, maghiari, germani", rotea mâna dreaptă spre sine, spre piept; când spunea „alte naționalități" (țiganii reprezentau, ca pondere, conform datelor oficiale, cea de-a patra minoritate națională), rotea mâna „spre afară" – semnal de respingere.

Este necesar să amintim în acest caz și despre rolul poziției și orientării corpului. Comunicarea se poate influența nu numai prin apropiere de ceilalți, ci și prin poziția care se adoptă, semnalându-se astfel atitudinea și chiar intențiile. Astfel, poziția corpului poate comunica, deseori involuntar, starea socială, dorința de a domina – cazul lui N. Ceaușescu – sau de a fi supus. Umerii cocoșați și capul plecat pot semnala timiditatea și inferioritatea – poziții ușor de observat la interlocutorii tiranului. Stând drept, cu capul lăsat puțin pe spate și cu mâinile în șolduri, se pot indica superioritatea și automulțumirea – poziție care nu s-a observat la Ceaușescu datorită postúrii sale sociale.

Oamenii au diferite stiluri de a merge, de a se așeza, de a sta, care pot reflecta imaginea unei persoane, încrederea în sine sau starea emoțională.

Mișcarea capului de sus în jos indică aprobarea sau încurajează o altă persoană în ceea ce spune sau face. La Ceaușescu, acest semnal nonverbal simbolizează sincronizarea și controlul în discuția cu alte persoane.

În contrast cu alte semne ale corpului, mișcarea ochilor are un efect puternic comparativ cu alte semnale fizice folosite. Mesajele trimise de mișcări ale ochilor sunt foarte puternice, unele fiind greu de controlat, receptorii aproape nedându-și seama.

În interacțiunea socială, mișcările ochilor îndeplinesc un număr important de funcții, acestea fiind folosite pentru sincronizarea discursurilor. Vorbitorul are tendința să privească în altă parte decât spre auditoriu, de îndată ce începe să vorbească. Aceasta provine din faptul că dorește să evite stimulii suplimentari, atunci când el își planifică și aranjează ce are de spus. N. Ceaușescu privea – în timpul discursurilor, și atunci când mai reţinea expresiile pe care le citea – peste mulţime, fără să vadă pe nimeni, fără să sesizeze feţele obosite ale oamenilor.

De foarte multe ori îşi întorcea capul şi privirea către Elena Ceauşescu, observându-se la el nevoia de aprobare, dar şi mulţumirea, deoarece credea că spune ceva extraordinar, că „zice bine".

Ochii nu pot comunica izolaţi de restul corpului. Există un număr nesfârşit de mesaje care pot fi trimise când se combină mişcarea ochilor cu cea a pleoapelor şi sprâncenelor sau cu alte poziţii ale trupului.

În ultima perioadă a puterii lui N. Ceauşescu, i se observa în mimică îngrijorarea, iar lăsarea sprâncenelor nu era cauzată doar de vârstă, ci şi de anume preocupări interioare, de îndoieli asupra „domniei" sale pe care o simţea clătinându-se. Astfel, tirania i s-a accentuat; când ţinea discursurile, reducea mulţimea la tăcere cu o uşoară ridicare de mână, gest specific „Cezarului" – împăratului, fiind conştient de faptul că depinde de populaţia pe care o „instruise" şi de care se temea în ultima perioadă a existenţei sale. Această stare de spirit a preşedintelui acelor timpuri se observa din gesturi, din mişcarea capului, poziţia sprâncenelor, privirea forţată la stânga şi la dreapta, sus şi jos, atitudine care trăda o teamă de mulţime, atenţie la reacţia populaţiei, conservare prin apărare iniţială.

În ultima lui apariţie, frica, imposibilitatea de a ieşi din situaţia dată au fost comunicate mulţimii prin mişcarea buzelor – fără însă a spune ceva; la un moment dat rămâne cu gura întredeschisă, iar sprâncenele aproape că-i intrau în ochi, iar gestul mâinii a fost receptat de mulţime ca atitudine de nesiguranţă, apoi de frică împinsă către anxietate, deşi, întoarcerea capului (rotirea capului) a scos în evidenţă dorinţa lui de fi sigur că totul a luat sfârşit, că tribuna pentru el nu mai semnifică mărire şi putere.

Toate gesturile sale, toate semnele şi semnalele, toată comunicarea sa a relevat o inteligenţă nativă lipsită de înţelepciune în momentul în care a acceptat minciunile. În acest caz – Ceauşescu poate fi un caz de comunicare demn de studiat – toată această comunicare nonverbală se interferează perfect cu cea verbală. A fost un om sincer faţă de cauza căreia i s-a dedicat. Altceva putem spune despre Elena Ceauşescu, al cărei rânjet şi bătaie cu palma în masă au trădat întotdeauna dorinţa de a supune, de a teroriza, de a-şi lăsa în urmă trecutul. La ultima ei apariţie în faţa mulţimii, atitudinea, gesturile, timbrul vocii, privirea, au scos în evidenţă neputinţa ei de a constata tragismul situaţiei, considerând că lucrurile se vor aşeza.

În timpul procesului, Nicolae Ceauşescu frământa căciula în mâini, şi acest gest comunica nerăbdare, aşteptare, parcă o speranţă. Spre sfârşitul procesului, privirea către ceas şi apoi ridicarea capului ca pentru o rugă au exprimat ultima fărâmă de speranţă. Gesturile Elenei Ceauşescu trădau o femeie intrigată de ceea ce se întâmplă – dominatoare, vanitoasă (orgoliu întins spre grosolănie), dar şi speriată, exprimându-şi această stare prin nervozitatea mişcării mâinilor, prin privirea iscoditoare.

Am considerat necesar să abordez atitudinea lui Nicolae Ceauşescu în cursul „domniei" sale, deoarece comunicarea non-verbală a constituit una din metodele – conştiente sau nu – în manipularea maselor, în formarea unei singure gândiri şi concepţii despre viaţă, în mutilarea sufletelor şi a înţelepciunii oamenilor.

Privind comunicarea nonverbală între individul de rând şi Nicolae Ceauşescu s-a observat, în toţi aceşti 25 de ani o atitudine de încredere, la început, prin urale sincere, prin gesturi care dau impresia unei apropieri de gloată față de conducător, prin seninătatea feței sincere; după aproximativ 10 ani, cetățeanul de rând nu mai aplauda cu zgomot, la întâlnirile cu Ceaușescu nu se mai producea îmbulzeala de a-l vedea, gesturile capului nu mai erau de ridicare, ci de întoarcere, care trăda sila. Seninătatea afișată de mulțime la începutul epocii sale, care transmitea speranță, s-a transformat în tristețe, în gesturi nesigure, în priviri care așteptau o schimbare. Vestimentația nu mai era veselă, predominau negrul, griul și maroul, participarea la ritualuri era făcută cu gesturi nesigure, intrarea în biserică era făcută cu teamă, capetele se roteau ca individul să nu fie depistat că se roagă și, nu de multe ori, în fața bisericii, dacă priveai atent fața oamenilor observai o mișcare interioară a cavității bucale – își făceau cruce cu limba, gesturi făcute pe furiș, pe față observându-se frica.

La locul de muncă oamenii foloseau comunicarea verbală în șoaptă pentru a-și exprima nemulțumirea, dar avertizarea că s-ar fi putut să-i audă cineva era făcută prin gesturi cu mâna, prin încruntarea sprâncenelor, prin mișcarea rapidă a capului care însemna „nu", prin mărirea spațiului de comunicare între persoanele respective, îndepărtându-se una de cealaltă.

În timpul revoluției – voi vorbi doar despre cei care nu au luat parte efectiv la revoluție – gesturile oamenilor exprimau frică de ceea ce fusese și de ceea ce era – nefiind siguri că avea să fie victorie, iar manipularea maselor a mers până la a se da sfoară în țară că și apa era otrăvită – dar erau și gesturi de bucurie și speranță că totul avea să se schimbe.

În primii ani de după 1989 seninătatea s-a instalat pe fețele oamenilor, au apărut surâsul și râsul larg, mersul cetățenilor era sigur, gesturile mâinilor erau largi, neîngrădite, vestimentaţia îşi schimbase culoarea şi totul transmitea o stare de speranţă.

Concluzia: planul lui Ceauşescu era să poată manipula întreaga populaţie; avea o armată numeroasă de oameni mărunţi, practic nevăzuţi, care nu făceau nimic altceva decât să asculte şi să noteze tot ce se întâmpla în viaţa fiecăruia.

Românii credeau că, la locul de muncă sau la orice petrecere, jumătate din cei prezenţi îi spionau pe ceilalţi pentru Securitate. Era un gen de teroare psihologică, astfel încât omul de rând să creadă că, dacă încearcă fie şi cel mai neînsemnat gest ce ar putea fi luat drept disidenţă faţă de regimul politic din România şi, mai ales, faţă de Ceauşescu, avea să „dispară".

Dintr-un lider iubit şi respectat, el a devenit un dictator urât şi dispreţuit.

Pe măsură ce excesul de putere îi întuneca judecata, Ceauşescu ajunsese să creadă că era mai presus de fragilitatea umană şi că nu mai avea nevoie de medicamente. Nu se mai lăsa influenţat de nimeni, nu mai comunica decât cu soţia sa, Elena Ceauşescu – descrisă de majoritatea celor care au intrat în contact cu ea ca o femeie rea şi dispreţuitoare; Elena voia să deţină controlul absolut asupra tuturor, inclusiv asupra lui Nicolae şi a copiilor săi.

Când a început Revoluţia – pe 21 decembrie 1989 – Ceauşescu era complet schimbat; aspectul lui obişnuit dispăruse, era încordat. Starea de neplăcere se vede şi din felul în care oamenii ţin uneori buzele strâns lipite, schiţând ceea ce specialiştii în comunicare nonverbală numesc „faţă de maimuţă". „Dacă ochii sunt fereastra sufletului, gura este fereastra spre adevăr". S-a observat că zâmbetul cu colţurile gurii îndreptate în jos afişat de

Ceauşescu exprima simţăminte neplăcute, agresivitate, disconfort, tensiune psihică.

La procesul care a urmat, dependenţa foştilor dictatori, unul faţă de celălalt, a fost singurul lucru care i-a pus într-o lumină mai bună. Nu s-au dezminţit; el era încăpăţânat, exprimându-şi dezarticulat mânia; ea a vociferat până la sfârşit, rămânând acelaşi tiran furibund, cu „gura spurcată", care i-a înspăimântat pe toţi cei care o slujiseră. Soţii Ceauşescu s-au considerat până la sfârşit singurele victime ale acestei tragedii. Au obiectat puternic, atât verbal, cât şi nonverbal, agresiv, etalându-şi aceleaşi caractere şi temperamente căci „lupul îşi schimbă părul, dar năravul ba!".

# CONCLUZII

Determinarea identității unei persoane nu se realizează pe baza unui singur tip de semnal – vizual, auditiv, tactil, olfactiv – ci se iau în considerare și semnale care transmit mediul social din care provine interlocutorul și identitatea personală, deoarece, în jurul acesteia se structurează semnificația mesajelor din aceste reprezentări.

Am afirmat în capitolul „Comunicarea nonverbală" că există o legătură indisolubilă între competența indivizilor – socială, emoțională, nonverbală – și contextul socio-cultural. Societatea în care trăim oferă prescripții, informații, cercetări asupra modului în care trebuie să ne manifestăm sentimentele și indică înțelesul pe care trebuie să-l acordăm elementelor nonverbale – gesturi, expresii faciale, proximitate – pe care le detectăm în comportamentul celorlalți. Competența emoțională este parte a culturii căreia îi aparținem. Anumite culturi îi încurajează pe indivizi să-și exprime sentimentele, altele, dimpotrivă, îi inhibă, unele contexte culturale îi ajută pe indivizi să comunice afectiv, altele să comunice instrumental.

Socializarea diferită a indivizilor este un factor care generează diferențe în modul în care aceștia receptează și transmit elemente nonverbale. Cu cât învățăm mai multe despre indivizi, despre comportamentele lor, cu atât putem deveni mai atenți la mesajele nonverbale pe care ei le transmit.

Comunicarea nonverbală are un rol important în realizarea exactă a comunicării verbale, atât în ceea ce priveşte codificarea mesajelor, cât şi în legătură cu decodificarea lor.

Aşa cum arată studiile, între comunicarea verbală şi cea nonverbală există o interdependenţă puternică, cea de-a doua susţinând-o pe prima, mai ales prin repetarea şi întărirea celor verbale şi prin completarea mesajelor verbale.

De multe ori însă, comunicarea nonverbală contrazice cele spuse prin viu grai, iar discrepanţa apărută între acestea a conturat un domeniu de cercetare foarte interesant din punct de vedere ştiinţific şi deosebit de semnificativ sub raportul aplicaţiilor practice.

Dominaţia în relaţiile interpersonale se exprimă într-un spaţiu mai mare într-un teritoriu vast, pentru persoanele deţinătoare de putere, folosindu-se astfel o gamă variată de gesturi şi semnale.

Una dintre funcţiile importante ale comunicării nonverbale este aceea de a marca începerea şi încheierea actelor de comunicare. Contactul vizual, zâmbetul, înclinarea capului şi a trunchiului, mişcarea mâinilor, orientarea palmelor arată că suntem deschişi pentru comunicare, că avem sentimente pozitive faţă de interlocutor. Mutarea privirii spre o altă persoană sau în altă direcţie, a da rapid din cap în semn aprobator, strângerea precipitată a lucrurilor, sunt tot atâtea semnale care exprimă dorinţa de a pune punct unei conversaţii.

Chipul omului nu este mut, el ne spune ceva despre starea psihică a acestuia. Faţa constituie un element fizic care scoate în evidenţă intimitate, blândeţe, teamă, răutate, maleabilitate – şi omul reacţionează diferit după cum percepe anumite caracteristici ale feţei, anumite mişcări ale mâinii sau trupului. Fără a lua în considerare faptul că ceea ce se manifestă în exterior, dar nu este verbal exprimă ceea ce se petrece în interior, nu ar mai avea sens cunoașterea științifică a comunicării nonverbale.

Controlul în ceea ce privește comportamentele nonverbale permite indivizilor să se adapteze la situații sociale concrete, dar și să disimuleze; existând și manifestări care nu pot fi controlate în totalitate și care ne pot comunica, în anumite proporții, secrete – gândurile noastre fiind invizibile, imperceptibile. Comunicarea nonverbală devine o cheie importantă, care poate elucida o parte a secretelor noastre.

Dacă tot ceea ce gândim ar fi exprimat în formă autentică, verbal și nonverbal, interacțiunile sociale ar deveni imposibile, iar dacă niciun gând sau trăire internă nu ar avea nicio expresie verbală sau nonverbală, atunci sensul comunicării ar fi imposibil de determinat.

Cercetarea comportamentelor nonverbale implicate în interacțiunile cotidiene poate atrage și dimensiunea publică a acestora, apărând imperios necesară prezentarea cât mai favorabilă a sinelui.

Mesajele transmise de noi sunt foarte subtile, de multe ori nedorind să se știe ceea ce simțim. Sunt situații în care citirea expresiilor faciale ne poate transmite informații pe care nu le știam, dar pe care dorim să le aflăm și, pentru acest lucru, aceste expresii trebuie interferate cu întreaga gamă de gesturi ce le însoțesc, de ținuta corporală, timbrul vocii, pentru a înțelege aspectele multiple ale unei situații.

„Mulți acceptă cu greu faptul că, din punct de vedere biologic, omul este totuși un animal. Homo sapiens este o specie a primatelor, o maimuță, cu corpul neacoperit de păr, care a deprins mersul pe două picioare și are un creier dezvoltat, capabil de gândire. Ca şi alte specii, şi noi suntem dominaţi de legi biologice, care ne controlează acţiunile şi reacţiile, limbajul trupului şi gesturile. Dar, uimitor, omul este rareori conştient de faptul că mişcările şi gesturile sale pot transmite o anumită poveste, în timp ce vocea spune cu totul altceva".[93]

Comunicarea nonverbală are o mare doză de credibilitate, întrecând-o pe cea a comunicării verbale: „Dacă prin comunicarea directă, prin limbajul verbal putem minţi, limbajul nonverbal va releva adevărul din spatele cuvintelor noastre, va spune cine suntem noi cu adevărat"[94].

[93] Allan Pease, *Limbajul trupului*, Ed. Polimark, Bucureşti, 2002, p. 12.

[94] Carmen Secară, *Comunicare şi relaţii publice*, curs universitar, Ed. SITECH, Craiova, 2009, p. 89.

# BIBLIOGRAFIE

* Birkenbihl, Vera F., *Semnalele corpului. Cum să înţelegem limbajul corpului,* Editura Gemma Press, Bucureşti, 1979/1999
* Chelcea, Septimiu, *Comunicarea nonverbală în spaţiul public. Studii, cercetări, aplicaţii,* Editura Tritonic, Bucureşti, 2004
* Chelcea, Septimiu; Ivan, Loredana şi Chelcea, Adina, *Comunicarea nonverbală: gesturile şi postura,* Editura Comunicare.ro, Bucureşti, 2005
* Chiru, Irena, *Comunicarea interpersonală,* Editura Tritonic, Bucureşti, 2003
* Collett, Peter, *Cartea gesturilor,* traducerea Alexandra Borş, Editura Trei, Bucureşti, 2005
* Fârte, Gheorghe-Ilie, *Comunicarea. O abordare praxiologică,* Casa Editorială Demiurg, Iaşi, 2004
* Lohisse, Jean, *Comunicarea. De la transmiterea mecanică la interacţiune,* Ed. Polirom, Iaşi
* Lyons, John, *Introducere în lingvistica teoretică,* Ed. Ştiinţifică, Bucureşti, 1995
* McQuail, Denis, *Comunicarea,* Ed. Institutul European, Iaşi, 1999
* Norbert, Elias, *Procesul civilizării. Cercetări sociogenetice şi psihogenetice,* Vol. 1, Editura Polirom, Iaşi, 1939/2002

- Pânişoară, Ion-Ovidiu, *Comunicarea eficientă,* Ediţia a II-a, revăzută şi adăugită, Ed. Polirom, Iaşi
- Pease, Allan, *Limbajul trupului,* Ed. Polimark, Bucureşti, 2002
- Pietreanu, M., *Salutul în limba română.* Studiu sociolingvistic, Editura Ştiinţifică şi Enciclopedică, Bucureşti, 1984
- Preda, Marin, *Moromeţii*
- Rückle, Horst H., *Limbajul corpului pentru manageri,* 1979/1999
- Secară, Carmen, *Comunicare şi relaţii publice,* curs universitar, Ed. SITECH, Craiova, 2009
- Stanton, Nicki, *Comunicarea,* Ed. „Macmillan Publishing Limited", S.C. „Ştiinţă şi Tehnică" S. A., 1995
- Wald, Lucia, *Sisteme de comunicare umană,* Editura Ştiinţifică, Bucureşti, 1973

# DESPRE AUTOARE

„O cunosc pe Ana-Maria de când a terminat liceul, din anul 2000. De atunci ne leagă o frumoasă prietenie. Este genul de om pe care, dacă îl dai afară pe uşă îţi intră pe geam şi dacă îl dai afară pe geam intră pe gaura cheii. Ambiţia de a învăţa tot timpul şi îndârjirea de a obţine ce îşi propune sunt calităţile pe care i le-am apreciat. Lucra şi în acelaşi timp învăţa pentru a-şi definitiva studiile în domeniul asistenţă managerială şi comunicare. În anul 2010 era licenţiată a Facultăţii de Ştiinţe ale Educaţiei, specializarea Asistenţă Managerială şi Secretariat, din cadrul Universităţii din Piteşti, timp în care a făcut o pasiune pentru comunicarea nonverbală, psihologie şi inteligenţă emoţională.

Din dorinţa de a empatiza şi relaţiona optim cu persoanele cu care interacţionează a studiat încontinuu despre aceste domenii. A realizat că cel mai simplu mod de a obţine un răspuns sincer este limbajul trupului.

În viaţa profesională a optat pentru acest domeniu vast şi complex – asistenţa managerială şi ulterior consilier vânzări, astfel interacţionând continuu cu oamenii unde comunicarea, verbală şi nonverbală, fiind pilonul principal. Aici a avut contact nemijlocit şi a socializat cu persoane din diferite contexte culturale, de diferite culturi şi naţionalităţi, unde comunicarea nonverbală a fost o «punte» de legătură şi transmitere corectă a informaţiilor, a mesajului.

Tema pe care o abordează, dezbătută de mulţi specialişti este comportamentul fiecăruia dintre noi, de zi cu zi, clipă de clipă, de care nu suntem conştienţi. Răsfoind paginile cărţii „Comunicarea nonverbală" ne ajută să învăţăm să-i cunoaştem pe oamenii cu care interacţionam, dar mai ales să ne cunoaştem pe noi înşine.

«Comunicarea nonverbală este o formă de limbă socială care, de multe ori este mai bogată şi fundamentală decât cuvintele noastre», spune Leonard Mlodinow."

*Lili Suciu, Televiziunea Vâlcea1, Rm. Vâlcea*

# DINCOLO DE CUVINTE...

„Comunicarea este parte integrantă a vieții noastre de zi cu zi. Fiecare om comunică în funcție de educația sa, de valorile și principiile sale; diferența ține de percepția și de rigoarea fiecăruia.

Dacă ne luăm după explicația științifică după care viteza luminii se propagă mai repede decât viteza sunetului, înțelegem de ce comunicarea nonverbală are un impact mai mare asupra noastră decât comunicarea directă, verbală.

În viața mea personală, metacomunicarea a avut un rol hotărâtor în selectarea prietenilor, a înțelegerii stărilor și emoțiilor apropiaților mei. Iar, atunci când am ignorat aspectele nonverbale ale comunicării și m-am lăsat ghidată de sentimente, de evidențe, am greșit.

În privința laturii profesionale, aceea de cadru didactic, comunicarea nonverbală m-a ajutat să identific nevoile de educație și de empatie ale studenților mei, astfel încât calitatea actului didactic să fie pe măsura așteptărilor principalilor beneficiari.

În definitiv, comunicarea verbală directă este mai facil de realizat și de înțeles, iar metacomunicarea ține de un rafinament al gândirii și de o elevare a simțurilor, lucru hărăzit privilegiaților sorții."

*Conf. univ. dr. Carmen SECARĂ,*
*Universitatea din Pitești*

„Pentru autoare, nimic nu rămâne nedescoperit în natura umană. Emoțiile, gesturile, cuvintele spuse ori nespuse, un gând ascuns trădat de o tresărire aparent insesizabilă, toate sunt devoalate în această carte pe care vă invit să o lecturați! Veți privi interlocutorii cu alți ochi, veți desluși adevărul care se ascunde dincolo de cuvinte.

Incursiunea în lumea cuvintelor nespuse, în descoperirea omului nevăzut de lângă tine, goliciunea ce se dezvelește dincolo de mască de piele, toate sunt captivante și pline de semnificații în cartea Anei Voican.

O carte care merită citită rând cu rând și care nu te lasă până la ultima pagină!

Felicit autoarea pentru provocare și pentru pariul câștigat cu ea însăși!"
*Mihaela Andreianu, profesor de Economie,*
*Colegiul Economic Rm. Vâlcea*

„La început a fost Cuvântul.

Apoi, câțiva înțelepți au socotit limbajul ca fiind o prăpastie pentru oameni, nicidecum o punte (vezi Eugen Ionesco).

Limbajul nonverbal, limbajul corpului, al sunetelor, al mimicii, al gestului, al măștii, este de asemenea vechi de mii de ani.

Deci: nimic nou sub Soare.

În zilele noastre, cu toate că tehnicile de comunicare s-au dezvoltat atât de puternic, mai ales cu tot Internetul pus pe roate, există încă mari tensiuni și conflicte la nivel uman.

De aceea, o misiune aproape sacră este aceea de a reface prin noi metode de comunicare această ruptură și de a reda speranța unei armonii între semeni.

Personal, cred în comunicarea nonverbală ca fiind o posibilă soluție de recuperare a acestei punți, cândva ruptă, prin neștiință, de oameni."
*Eugenia-Doina Migleczi, regizor, Rm. Vâlcea*

„Dacă limbajul a fost dat oamenilor pentru a-și ascunde gândurile, atunci scopul gesturilor a fost acela de a le dezvălui" spunea John Russel Napier.

Într-o lume unde parcă din ce în ce mai mult întunericul neștiinței și ignoranței încearcă să stăpânească valori morale, mă bucur să văd și să susțin oameni preocupați să risipească această negură și care încearcă să conducă omenirea către culmea unei dimensiuni mai profunde, alta decât cea pe care o impune comunitatea actuală.

Cred cu tărie, că în vremurile noastre agitate ar trebui să ne întoarcem la lucrurile simple, să punem mai mult accentul pe ceea ce simțim cu adevărat și să transmitem acest lucru prin fapte și gesturi.

Eu îți doresc, dragă Ana Maria, să îți păstrezi spiritul tău altruist și implicat și să rămâi tu însăți, demonstrând că toate vicisitudinile vieții nu te-au împiedicat, ci din contră, te-au făcut să mergi doar înainte și să te formezi ca un OM excepțional care merită toată aprecierea mea."
*Adriana Ciocan, freelancer, București*

„Într-o lume și cu o meserie în care tehnologia înseamnă totul, iar comunicarea a învins orice bariere, sunt pusă adeseori în situația de a lucra cu oameni pe care nu îi întâlnesc niciodată sau îi întâlnesc la mult timp după începerea colaborării.

Totul se desfășoară cu o viteză amețitoare, ești obligat să iei decizii în timp scurt, să te bazezi pe oameni reprezentați de o voce și câteva informații oferite de internet... Cum poți avea încredere într-o persoană căreia nu îi poți «citi» limbajul trupului și poți doar să ghicești ce intenții se află în spatele unei voci? Și cum poți la rândul tău inspira încredere fără ca celălalt să te cunoască efectiv? Probabil că cel mai important este ceea ce spui, tonul și vocea.

Dar poate comunicarea nonverbală să te ajute în acest sens? Lecturarea cărții Anei va lămuri mai multe în acest sens (la data la care eu scriu aceste rânduri nu am citit cartea, încă). Dar ce «trucuri» încerc eu în această situație? Cum încerc să spun... fără să spun?

– mă relaxez și zâmbesc ca și cum aș fi în fața interlocutorului de la telefon

– sunt conștientă că toate gesturile pe care le fac în timpul conversației se pot reflecta în vocea și în tonul meu. Și încerc să le fac doar pe cele potrivite :)

– încerc să fiu un bun ascultător – și să nu întrerup – asta mi-a ieșit mai greu la început... :-)

– «cross my fingers» (oricum nu mă vede nimeni :))

Nu vreau să mă substitui autoarei și să scriu mai mult ca ea :) deci, le doresc lectură plăcută tuturor celor ce au curiozitatea să citească ce a scris despre comunicarea non verbală o persoană optimistă, ambițioasă, inteligentă, energică și o mamă puternică. Ana. Căreia îi mulțumesc pentru că m-a considerat demnă de a adăuga aceste gânduri cărții ei.”

*Adriana Popescu, manager*
*Traco Logistik România, Rm. Vâlcea*

„Stările emoționale sunt transmise atât prin mimică, gesturi, dar și prin privire, contacte vizuale care exteriorizează starea psihică a pacientului.

Astfel, cu ajutorul limbajului nonverbal pot să observ cât de inhibată, anxioasă, timidă sau depresivă este persoana din fața mea. De asemenea, acest stil de comunicare mă ajută să deslușesc mai bine cât de intense îi sunt trăirile, câtă atenție și importanță oferă situației problematice prin care trece, care este disponibilitatea spre schimbare.

Gesturile inofensive pot să trădeze o anumită dorinţă, dacă este mulţumit sau nemulţumit, dacă este relaxat sau stresat, dacă are sau nu încredere în sine.

Cea mai mare satisfacţie profesională o am atunci când pacientul ajunge plângând în cabinetul meu şi pleacă râzând."

*Alina Maria Blăgoi, Psiholog Clinician Specialist, Bucureşti*

„Învăţăm de mici să ne ghidăm după cuvinte şi de cele mai multe ori uităm că o imagine face cât o mie de cuvinte. Despre asta e vorba şi în comunicarea nonverbală: să analizezi şi să înţelegi firea umană prin gesturi, priviri şi reacţii involuntare. Acestea sunt cu adevărat cele care ne dezvăluie trăirile interioare, pe care poate uneori vrem să le ascundem. Regăsesc comunicarea nonverbala la fiecare pas: pe stradă, la facultate şi în special în dans. Această formă de comunicare tacită ne permite să exprimăm ceea ce e dificil de transmis prin viu grai, ne învăluie în mister şi în acelaşi timp ne stimulează să devenim mai isteţi şi mai atenţi la reacţiile celor din jurul nostru.

Draga mea Ana, eşti un izvor nesecat de energie, putere şi viaţa! Inteligentă, disciplina şi determinarea sunt doar câteva din trăsăturile-ţi fundamentale, care-ţi vor asigura în continuare un drum frumos pe cărările vieţii! Îţi doresc să ai parte numai de aventuri frumoase şi să continui să faci tot ceea ce îţi umple sufletul de bucurie! Tu îmi demonstrezi mereu că într-adevăr, «esenţele ţări se ţin în sticluţe mici» şi visele devin realitate atunci când munceşti din greu pentru a le obţine!

Cu mult drag şi dor, sincere aprecieri,

A ta, Mădălina!"

*Ioana-Mădălina Belu, studentă anul II, Academia de Studii Economice din Bucureşti, Facultatea Administrarea Afacerilor cu predare în limbi străine, secţia franceză. Pasionată de dans şi body language.*

„Cu deosibită plăcere pentru surioara mea:

În zilele noastre e tot mai greu să înţelegem oamenii şi ce vor să transmită; cu ajutorul comunicării nonverbale putem să descifrăm din mesajul transmis de interlocutor şi să ne dăm seama de realele lui intenţii. În meseria mea mă întâlnesc foarte des cu oameni de diferite naţionalităţi şi culturi, cu care, pur şi simplu nu reuşesc să stabilesc o bază de comunicare verbală şi totuşi, cu ajutorul gesturilor reuşim să ne înţelegem. Toţi oamenii folosesc acest mod de comunicare – nonverbal, fie voluntar sau involuntar."

*Daniel Voican, Director KMZ Transport Ltd, Birmingham, UK*

„Ca logoped și psihoterapeut întâlnesc la cabinet copii sau adulți care nu pot să se exprime verbal din diverse cauze: fiziologice, neurologice, psihologice etc. De cele mai multe ori sunt afectate atât limbajul expresiv, respectiv exprimarea verbală, cât și limbajul receptiv, adică înțelegerea celor din jur. Pentru aceste persoane, limbajul nonverbal este adesea singura modalitate prin care pot să-și împărtășească celorlalți stările, nevoile, trăirile și emoțiile, cu ajutorul mimicii, gesturilor și poziției corpului. În lipsa acestei capacități, cu ajutorul căreia se transmite mai mult de jumătate din cantitatea de informație comunicată de emițător, persoana ar fi condamnată la izolare, alienare, degradare cognitivă și agresivitate în relațiile cu ceilalți.

Capacitatea noastră, a specialiștilor de a decodifica mesajul nonverbal pentru a ne adapta mijloacele și scopurile terapeutice la nevoile subiectului, de multe ori face diferența între o terapie eficientă și una ineficientă. De asemenea, prin propriul limbaj nonverbal putem să-i transmitem că este în siguranță, că este acceptat și înțeles, că ceea ce se petrece în cadrul ședinței îl ajută să se simtă mai bine în relație cu el însuși și cu ceilalți, răspunzând persoanei în nevoie prin mijlocul de comunicare pe care îl cunoaște și îl înțelege cel mai bine.

Astfel, limbajul nonverbal este esențial în munca noastră, a psihologilor și a specialiștilor care se ocupă cu intervenția în cazul persoanelor cu nevoi speciale, reprezentând un instrument care, folosit adecvat, poate crea o punte de legătură între terapeut și subiect.”

*Alina Sandu, Logoped specialist, psiholog clinician principal cu competență în intervenții specifice pentru persoane cu nevoi speciale, psihoterapeut, Rm. Vâlcea*

„Comunicarea nonverbală joacă un rol important în viața noastră cotidiană; este abilitatea fiecăruia dintre noi de a se raporta, stabili și angaja interacțiuni semnificative; 65% prin nonverbal.”

*Gabriel Ursei, psiholog, psihoterapeut, Rm. Vâlcea*

„Comunicarea nonverbală sau limbajul trupului este o formă importantă de comunicare, un limbaj natural, inconștient, care transmite sentimentele și intențiile reale ale unei persoane. Modul în care «vorbim» fără cuvinte transmite o serie de informații prețioase despre stările noastre interioare. Ceea nu spun cuvintele este rostit de gesturi, mimică, postură, distanță, vestimentație, atingeri, mirosuri.

Cartea „Comunicarea nonverbal" scrisă de Doamna Voican vine să întărească ideea că ceea ce cuvintele ascund trupul trădează cu precizia unui ceas elvețian. Se spune că ne-au fost date cuvintele pentru a ne ascunde gândurile.

În munca mea de zi cu zi intru în contact cu foarte mulți oameni. A ști să descifrezi ceea ce trupul transmite este un mare avantaj în societatea modernă care ne îndeamnă să fim frumoși prin purtarea de măști. Ceea ce ele ascund, trupul scoate la lumină.

Recomand această carte tuturor celor doresc să doresc să-și îmbogățească cunoștințele în acest domeniu."

*Mihaela Constantinescu, Senior Team Leader*
*London School of Business and Finance, Londra, UK*

„Orice relație, de orice fel începe întotdeauna cu comunicarea non-verbală. Corpurile noastre comunică între ele înainte ca noi să ne dăm seama. De la contactul vizual până la modul în care mergem, toate acestea reprezintă gesturi ale comunicării nonverbale care ne ajută să ne descoperim pe noi și pe cei din jur."

*Andreea Nițișor, elevă clasa a IX-a,*
*Colegiul Național de Informatică*
*„Matei Basarab" Rm. Vâlcea*

„Înainte ca umanitatea să aibă sisteme satisfăcătoare de producere și de distribuire a textelor scrise, ne împărtășeam poveștile prin viu grai sau prin comunicare nonverbală, precum dansul. «Dansul reprezintă manifestarea vizibilă a sufletului.» Isadora Duncan

Faptul că dansul este o formă nonverbală de comunicare ce transmite într-adevăr un mesaj atât dansatorilor, cât și spectatorilor rămâne adevărat. Fiecare dansator se manifestă diferit, exteriorizându-și de o manieră particulară sentimentele prin acțiuni, atitudini și gesturi caracteristice. Dansul este influențat și de stările lor sufletești.

Oricărei mișcări interioare îi corespunde o mișcare corporală analoagă. Majoritatea acestor mișcări se produc involuntar. Altele vor fi însușite în mod conștient și se vor dezvolta devenind gesturi intenționate. Acestea dobândesc o semnificație mai înaltă prin care dansatorii se raportează voluntar și conștient la ambianța pe care o trăiesc.

Mişcările simbolice sunt mişcările pe care le execută dansatorul în timpul dansului şi reprezintă un mod de comunicare nonverbal. Prin mişcările lor, ei încearcă să redea caracterul şi spiritul dansului. Astfel, de exemplu în „Rumba" dansatorii trebuie să exprime conform percepţiei generale o atmosferă încărcată de senzualitate şi erotism. Mişcările băiatului fiind în consecinţă ample, curtenitoare la adresa partenerei. De asemeni mişcările implică imaginaţie şi foarte multă gândire. În acest sens dansatorii trebuie să gândească efectul mişcării pe care vor să o execute pentru că gesturile lor să transmită publicului tema dansului.

Aceasta este o cale de a comunica publicului că dansul este o poveste şi dansatorii trebuie să îndeplinească un anumit rol. Vestimentaţia poate ajuta publicul să înţeleagă mai uşor mesajul.

Comunicarea scenică în dans constituie legătura organică între desfăşurarea unei succesiuni de acţiuni fizice, expresive, şi modul în care spectatorul va putea, în cadrul general al înţelegerii mesajului artistic, să retrăiască imaginativ şi afectiv viaţa sufletească a personajului (dansatorului). Dansatorii transmit stările, trăirile şi emoţiile dansului sau prin intermediul mimicii, gesturilor, expresivităţii şi postúrii sale. Ei comunică nonverbal cu spectatorii."

*Runceanu Mihaela Maria, profesor,*
*antrenor şi arbitru naţional – dans sportiv;*
*Clubul de dans Ru Apollo Rm. Vâlcea*

Pentru a înţelege comunicarea nonverbală, este nevoie de o latură a personalităţii noastre care să ne facă mai receptivi la semnalele pe care ni le transmit persoanele cu care intrăm în contact. Sensibilitatea cu care a fost înzestrată autoarea acestui volum face ca lucrarea prezentată să aibă o acurateţe aparte, dar şi o notă profesionistă ce poate fi de folos celor care studiază această ramură a comunicării. Ana-Maria Voican dă dovadă de un grad ridicat de empatie, care apropie autoarea de cititorii care răsfoiesc această carte. Ca jurnalist, salut cu bucurie apariţia unui volum ce ne poate ajuta să ne înţelegem mai bine semenii, să receptăm cu o mai mare uşurinţă emoţiile celor cu care interacţionăm, precum şi să desluşim mesajul şi informaţia de dincolo de imagine şi cuvinte.

*Claudia Paraschivescu, jurnalist, realizator TV*